Bernhard Wagner
Das gibt es nur in Karlsruhe

MARKGRAF CARL WILHELM
LEGTE DEN ERSTEN GRUNDSTEIN ZU SEINEL
NEUEN WOHNSITZ UND DIESER STADT
AM 17 JUNY 1715.

Bernhard Wagner

Das gibt es nur in Karlsruhe

Silberburg-Verlag

Bernhard Wagner wurde 1948 in Karlsruhe geboren. Er studierte Elektro- und Nachrichtentechnik, Neuere Geschichte und Sozialwissenschaften. Der weitgereiste Publizist und Journalist schreibt für Tageszeitungen und hat bisher Bücher über Mallorca, zur Weihnachtskultur, ein Tierreisebuch und zur Verkehrsgeschichte veröffentlicht. Wagner ist Mitglied der Internationalen Akademie der Wissenschaften (AIS) in San Marino.

Bildnachweis: Archiv Silberburg-Verlag: S. 24, 44, 47, 49, 51, 112, 115, 129, 140, 145. – Armerdietrich: S. 27. – Bundesanstalt für Wasserbau: S. 150. – Bundesarchiv, B 145 Bild-F074382-0035 / Arne Schambeck / CC-BY-SA: S. 135. – DaimlerChrysler AG: S. 56. – Martin Dürrschnabel: S. 15. – Regina Halmich: S. 68. – Tobias Helfrich: S. 17. – Ikar.us: S. 81. – Init: S. 93. – JGv-Berkel: S. 89. – Johnscalade: S. 85. – GES-Sportfoto: S. 78. – Kawana: S. 87. – Karlsruher Institut für Technologie: S. 103. – Michael Kohler: S. 108, 146. – MCMC: S. 60. – Ramessos: S. 107. – Stadtarchiv Karlsruhe (8/PBS oXIVa 1186): S. 13. – Jan Stöcklein: S. 10. – Bernhard Wagner: S. 18, 21, 23, 28, 31, 33, 35, 37, 39, 40, 42, 45, 53, 54, 59, 63, 65, 66, 71, 73, 75, 82, 91, 95, 96, 99, 100, 105, 117, 119, 121, 123, 125, 126, 130, 133, 137, 139, 143, 149, 153, 155, 156, 158. – 3268zauber: S. 110.

1. Auflage 2014

© 2014 by Silberburg-Verlag GmbH, Schönbuchstraße 48, D-72074 Tübingen.
Alle Rechte vorbehalten.

Umschlaggestaltung: Björn Locke, Nürtingen unter Verwendung eines Fotos von Bernhard Schmitt (ONUK).
Gestaltung und Satz: Kohler Media, Karlsruhe.
Druck: Gulde-Druck, Tübingen.
Printed in Germany.

ISBN 978-3-8425-1337-2

Besuchen Sie uns im Internet und entdecken Sie die Vielfalt unseres Verlagsprogramms:
www.silberburg.de

Inhalt

Karlsruhe für Genießer

Karlsruher Erfolgsgeschichten

Karlsruher Kultur

Karlsruher Besonderheiten

Blumen, Pflanzen und Exoten

Vorwort

Wussten Sie, dass Karlsruhe im Gegensatz zum ursprünglichen Sinn – »Carols Ruh« – gar nicht so ruhig ist? Vielmehr pulsiert die zweitgrößte Stadt Baden-Württembergs. Kein Wunder, ist die Fächerstadt doch mit ihrer Gründung im Jahre 1715 noch eine junge Stadt. Sie strahlt – neben den Erfolgsgeschichten und Besonderheiten – einen Charme aus, der gepaart ist mit dem Savoir-vivre durch die unmittelbare Nähe zum Elsass. Und dennoch hat sie sich ihren unverwechselbaren Charakter bewahrt. Als Beispiele seien das Schloss, die weltberühmte Pyramide und der Marktplatz genannt. Auch wenn Karlsruhe seit 2010 durch den Bau seines »U-Sträble« als bundesweit bekannte »Baustellenstadt« von sich reden macht und seinen Bürgern und Besuchern so einiges abverlangt, so bleibt sie dennoch badisch-liberal und gastfreundlich.

Als waschechter Karlsruher kenne ich mich in der Stadt gut aus: Als kleiner Knirps habe ich Stichlinge in der Alb bei Daxlanden und Grünwinkel gefangen, später Wiesen- und Waldwanderungen mit Barry, dem Schäferhund, unternommen. Meine Lehrlingszeit, die mich in alle Stadtteile führte, verbrachte ich bei der Deutschen Bundespost, und nach dem Studium hatte ich zahllose Einsätze als Tageszeitungs- und Rundfunkjournalist, die mich zu den Institutionen, Stätten und Orten der Wissenschaft, Forschung, Technik, des Handwerks, der Kultur, Wirtschaft, Religion und Natur führten. Nicht zu vergessen die persönlichen Begegnungen mit den Menschen der Stadt.

Die Fülle der Einzigartigkeiten in Karlsruhe brachte es mit sich, dass nicht alle Besonderheiten in diesem Buch aufgenommen werden konnten. Dennoch hoffe ich, Ihnen mit der vorliegenden Auswahl eine unterhaltsame Lektüre zu bieten und Sie zum Staunen zu bringen und so Ihre Lust auf Karlsruhe zu wecken.   *Bernhard Wagner*

Sehenswerte Orte

Das Karlsruher Schloss: Wahrzeichen der badischen Residenz

Für Markgraf Karl Wilhelms Plan, ein Schloss im Hardtwald zu bauen, gab es mehrere Gründe: Die Unzufriedenheit der Durlacher Bevölkerung wegen des zu langsam vorankommenden Wiederaufbaus der Stadt nach dem Pfälzischen Erbfolgekrieg, die Weigerung der Bürger, die hohen Kosten für den weiteren Ausbau der Karlsburg mitzutragen und schließlich das Bedürfnis des Fürsten nach einer modernen Residenz. Die Flucht vor seiner Ehefrau, mit der er nicht gut auskam, war wohl auch ein weiteres Motiv für den Neubau im umliegenden Waldgebiet.

Letztlich gaben die Planungen des Markgrafen für Gärten, Pflanzungen und Blumen den Ausschlag, da für diese im Hardtwald noch genügend Flächen vorhanden waren. Da der Markgraf »des Kriegs- und bürgerlichen Bauwesens sehr kundig« war, legte er selbst Hand an und entwarf den Grundriss für das Schloss und die später entstandene Stadt.

Am 17. Juni 1715 legte der Markgraf in Gegenwart seines versammelten Hofes unter Pauken-, Hörner- und Trompetenschall eigenhändig den Grundstein zum achteckigen Schlossturm. An den Bau des 60 Meter hohen Turms schloss sich der

Linke Seite: Das Karlsruher Schloss ist das Zentrum der Fächerstadt. Von hier gehen 32 Straßen und Alleen strahlenförmig aus.

eigentliche Schlossbau an. Er enthielt unter anderem Speisezimmer, Audienzsaal, Bibliothek, eine Schlosskapelle und einen Musiksaal. Im östlichen Flügeltrakt waren das Theater (Opera) und das Ballhaus untergebracht. Der Markgraf selbst zog erst im Jahre 1718 in seine neue Residenz. Schon bald nach Baubeginn wurde ihm klar, dass es bei dem »einsamen« Schlossbau nicht bleiben könne. Und er gedachte »verschiedene nutz- und ehrbare Gewerbe, Manufakturen und Hantierungen allda einzuführen«. Deutlich wird dieser Wunsch auch an den Inschriften, welche 1728 am Schlossportal angebracht wurden und auf denen es heißt: »Anno 1715 war ich ein Wald, der wilden Tiere Aufenthalt. Ein Liebhaber der Ruhe wollte hier in der Stille die Zeit vertreiben, in Betrachtung der Kreatur die Eitelkeit verachtend, den Schöpfer recht verehren. Allein das Volk kam auch herbei, baute was du hier siehst. Also keine Ruhe, so lange die Sonne glänzet, als in Gott allein zu finden, welche du, wenn du nur willst, mitten in der Stadt genießen kannst. Anno 1728.« Auch was den sparsamen Holzbau des Schlosses anstelle eines gemauerten Steinschlosses betrifft, machte sich der Markgraf seine Gedanken. Einem Brief an den Baron Karl Ludwig von Pöllnitz ist Folgendes zu entnehmen: »Ich habe mir nur einen kleinen Aufenthalt hier erbauen, und das Werk in allen Stücken also einrichten wollen, dass ich meinen Untertanen nicht lästig fallen durfte. Überdies habe ich auch, was ich bauen ließ, gleich genießen wollen. Hätte ich das Werk von Backsteinen aufbauen lassen, würde es mich weit mehr gekostet haben, und hätte ich diese Gebäude, ohne eine außerordentliche Schatzung auf meine Untertanen zu legen, nicht zustande bringen können; es wäre auch sonst viel Zeit darauf gegangen, und hätte ich vielleicht nicht einmal das Vergnügen gehabt, meine Arbeit in vollkommenem Stande zu sehen.«

So hehr sein Ansinnen auch gewesen sein mag, so rasch nagte im wahrsten Sinne des Wortes die Zeit an seinem Holzschloss. Karl Wilhelms Nachfolger – Karl Friedrich – wollte deshalb letztendlich das Schloss aus Stein neu bauen lassen.

Insgesamt dauerte der gesamte Schlossumbau (Außen- und Innenbereich; die Höhe des Schlossturmes wurde von 60 auf 42 Meter reduziert) 32 Jahre – von 1750 bis 1782. Dabei wurden die zum Teil schon stark verfaulten Hardtwaldhölzer durch eichene Dielen aus dem Elsass, Steine aus der Umgebung (Steinbrüche von Wolfartsweier, Durlach und Grötzinger Steige) sowie inländischen Marmor ersetzt.

Berühmt geworden ist die Stadt Karlsruhe für ihren vom Schloss ausgehenden fächerförmigen Grundriss, der zentral vom Schlossturm ausgehend 32 Achsen aufweist und gemäß den Plänen des Ingenieurs und Gardefähnrichs Jakob Friedrich von Batzendorf errichtet wurde. Der achteckige Schlossturm war ein Werk des Architekten Johann Heinrich Schwarz. Hinzugefügt wurden im nördlichen Teil kreisförmig aufgestellte Pavillons einer Menagerie. Hofgärtner Christian Thran nahm die Gestaltung des südlich gelegenen Schlossplatzes vor, der nach französischem Vorbild als Lustgarten angelegt wurde. Zum Gesamtkomplex zählten darüber hin-

Historische Aufnahme: das Karlsruher Schloss und der Schlossplatz im Jahr 1896.

aus Gebäude für die Stallungen und das Reithaus sowie drei Orangeriehäuser. Das Karlsruher Schloss diente bis 1918 als Wohn- und Regierungssitz der Markgrafen, später dann der Kurfürsten und Großherzöge von Baden.

Seit dem Jahre 1921 ist im Schloss das Badische Landesmuseum mit seinen wertvollen Sammlungen untergebracht. Gegen Ende des Zweiten Weltkrieges wurden große Teile des Schlosses durch Brandbomben zerstört. Beim Wiederaufbau gingen die Verantwortlichen daran, das Äußere historisch getreu zu rekonstruieren, während das Innere in einen modernen Museumsbetrieb überführt wurde.

Weltweit bekannt: Die Pyramide nach italienischem Vorbild

Das gibt es europaweit nur einmal: dass ein Stadtgründer aus dem 18. Jahrhundert in einer Pyramide auf dem Marktplatz seine letzte Ruhestätte findet. In der Fächerstadt ist dies so. Schon in seinem Testament ordnete Markgraf Karl Wilhelm an, dass er in einer Gruft unter dem Altar der Konkordienkirche (erste Kirche in Karlsruhe, die am heutigen Marktplatz stand) beigesetzt werden solle. Eigentlich war damit alles klar geregelt. Doch jetzt ging es erst richtig los. Was für ein Monument sollte für den Stadtgründer gewählt werden? Und wie sollte es gestaltet und beschaffen sein – pompös, schlicht, aus Holz, Marmor oder Stein?

Karl Wilhelm starb am 12. Mai 1738. Die Trauerfeier fand am 6. Juli statt. Beigesetzt wurde der Fürst zunächst in der Krypta der Konkordienkirche, bis spätere Baumaßnahmen Friedrich Weinbrenners zum Abriss des Gebäudes führten – mitsamt dem Grab des Stadtgründers. Doch wohin nun mit dem Sarg? Kurzzeitig wurde überlegt, die sterblichen Überreste in die evangelische Stadtkirche zu überführen. Aber auch über ein monumentales Denkmal mit der Göttermutter Rhea wurde nachgedacht. Da die Staatskassen leer waren, schlug

Weinbrenner vor, nach dem Abtragen der Kirche die ungeschützte Gruft behelfsmäßig durch eine hölzerne Pyramide zu schützen. Weinbrenner wählte diese einfache Architekturform, die höchstwahrscheinlich an die Cestius-Pyramide angelehnt war, die er bei seinen langjährigen Studienreisen in Rom an der Straße nach Ostia gesehen hatte. Die Karlsruher Pyramide mit nahezu sieben Metern Höhe fällt in Bezug zur römischen Pyramide mit gut 36 Metern vergleichsweise niedrig aus. Das 1807 errichtete kleine Monument wurde mit Ölfarbe gestrichen und bestimmte bis 1823 das Bild des Marktplatzes. Obwohl diese Version mehrfach instand gesetzt wurde, konnte die Pyramide auf Dauer den Unbilden der Witterung nicht standhalten. Im Februar 1818 war das Provisorium »so sehr baufällig, dass beinahe jeder Windstoß die morschen Bretter davon abreißt«, so steht es in den Akten des Generallandesarchivs. Als preisgünstige Lösung wurde im Juli 1818 die erste hölzerne Pyramide durch eine zweite hölzerne ersetzt. Zwecks längerer Haltbarkeit strich man sie jetzt mit Schiffsteer und Ölfarbe an. Dennoch drohte auch diese

Die Karlsruher Pyramide vor dem Baubeginn der Kombilösung. Im Hintergrund links die Evangelische Stadtkirche und rechts das Rathaus.

zweite Version zu zerfallen, und so befahl Großherzog Ludwig, eine rote Sandsteinpyramide zu errichten. Am 24. Februar 1825 konnte Weinbrenner die Vollendung der Pyramide vermelden. Doch »Karls Ruhe« wurde abermals gestört, als im Jahre 1889 die Pyramide für das Reiterstandbild von Kaiser Wilhelm I. weichen sollte. Großherzog Friedrich I. erkundete in diesem Zusammenhang das Grabmal seines Vorfahren. Das Ergebnis der Erkundung: Das Grab von Karl Wilhelm blieb in der Pyramide und das Kaiser-Wilhelm-Denkmal wurde an anderer Stelle – am heutigen Mühlburger Tor – errichtet.

Wie gut die Sandsteinpyramide gebaut war, zeigte sich nach dem Zweiten Weltkrieg: Selbst die Druckwellen der Bombendetonationen konnten ihr nichts anhaben. Doch der Stadtgründer hatte nach wie vor keine Ruhe. Abermals wurde die Gruft im September 1998 im Beisein des badischen Prinzen, zweier Bürgermeister der Stadt, eines Modellbaumeisters und eines Stadtarchivars erkundet. Der Grund: Die Pyramide sollte für das Anfertigen eines wirklichkeitsgetreuen Modells vermessen werden. Die kostbare, aber inzwischen zerbrochene Steintafel mit Stadtplan wurde zunächst ins Rathaus gebracht und mit Hilfe modernster Computertechnik eine Kopie für das Stadtmuseum angefertigt.

Zu einer erneuten Öffnung der Pyramide kam es im September 2013, als mit Messungen festgestellt werden sollte, ob mögliche Erschütterungen durch die Bauarbeiten der Kombilösung Schäden verursachen können. Die Auswertungen ergaben schließlich, dass es für das Bauwerk keine Gefahr gebe. Allerdings erhielt die Pyramide zum Schutz eine hölzerne Umhüllung.

Alles, was Recht ist:
Die obersten Gerichte Deutschlands

Alle drei obersten deutschen Gerichte befinden sich an unterschiedlichen Plätzen und Straßen in der »Stadt des Rechts«

und sind architektonisch markante Bauwerke, die das Stadtbild prägen: Das lichte, offene Bundesverfassungsgericht am linken Schlossflügel, das Ensemble des Bundesgerichtshof im erbgroßherzoglichen Palais und das moderne Gebäude des Generalbundesanwaltes an der Brauerstraße.

Das 1969 fertiggestellte Gebäude des Bundesverfassungsgerichts beim Karlsruher Schloss.

Bundesverfassungsgericht

25 Jahre lang hat der ARD-Rechtsexperte Karl-Dieter Möller aus dem Bundesverfassungesgericht (BVG) berichtet. Und nahezu 20 Jahre lang war sein Gesicht in den Nachrichten des Fernsehens bundesweit zu sehen, wenn der Gerichtsberichterstatter die komplizierten Sachverhalte der Rechtsprechung direkt vor Ort erklärte. Nach seinem Ausscheiden 2010 als justizpolitischer Korrespondent der ARD im November übernahm sein Nachfolger Frank Bräutigam dessen Aufgabengebiet. Diese mediale Präsenz zeigt auch, welcher Stellenwert den obersten deutschen Gerichten in der Öffentlichkeit beigemessen wird. Beispielhaft seien hier nur einige wegwei-

sende Entscheidungen aufgeführt, die das BVG in jüngerer Zeit getroffen hat: die Urteile zum milliardenschweren Euro-Rettungsschirm am 7. September 2011, die Entscheidung, dass den homosexuellen Lebenspartnern mehr Rechte bei der Adoption von Kindern zugestanden werden müssen und die für verfassungswidrig erklärte Drei-Prozent-Hürde bei der Europawahl.

Als »Hüter der Verfassung« nahm das Bundesverfassungsgericht im Jahre 1951 mit einem Festakt in Anwesenheit von Bundespräsident Theodor Heuss und Bundeskanzler Konrad Adenauer offiziell seine Arbeit in Karlsruhe auf. Neben der politischen Ordnung befasst sich das BVG mit gesellschaftlichen Fragen und Problemstellungen: Bei der Reform des Abtreibungsparagraphen wird die geplante Fristenlösung im Jahre 1975 durch das Gericht als verfassungswidrig verworfen. Der »Kruzifix-Beschluss« erklärt 1995 das Vorhandensein von Kreuzen in bayerischen Volksschulklassen als unverein-

Der Bundesgerichtshof wurde 1950 gegründet und hat seitdem seinen Sitz in Karlsruhe.

bar mit der Glaubens- und Religionsfreiheit. 2003 stellt das BVG mit seinem »Kopftuchurteil« fest, dass einer muslimischen Lehramtsanwärterin aufgrund ihres Kopftuches ohne weitere gesetzliche Grundlage die Übernahme in den Schuldienst nicht verwehrt werden darf.

Bedingt durch Neubauten am Botanischen Garten musste das Bundesverfassungsgericht ab 2011 für drei Jahre in die ehemalige General-Kammhuber-Kaserne in der Rintheimer Querallee umziehen. Auch dort lief die Arbeit reibungslos weiter und der Verhandlungssaal bestand seine Feuertaufe bei der Urteilsverkündung zu den ersten Euro-Rettungspaketen am 7. September 2011 – und das bei großem internationalem Medienaufgebot.

Bundesgerichtshof

Das oberste Gericht Deutschlands befindet sich seit 1950 auf dem Areal des einstigen prunkvollen Erbgroßherzoglichen Palais, das Baudirektor Josef Durm entworfen hatte. Nach seinen Plänen wurde es auf einem künstlich aufgeschütteten Hügel, eingebettet in einen großen Park mit Auffahrten, zwischen 1891 und 1897 erbaut. Mit einem Brunnen als Kunstwerk inmitten einer herrlichen Grünanlage können die Bundesrichter hier während ihrer Mittagspause neue Kraft tanken.

Der Bundesgerichtshof (BGH) ist – bis auf wenige Ausnahmen – ein Revisionsgericht. Er hat vor allem die Sicherung der Rechtseinheit durch Klärung grundsätzlicher Rechtsfragen und die Fortbildung des Rechts zur Aufgabe. So bestätigte der Bundesgerichtshof beispielsweise im Februar 2014 die Pflicht zur unverzüglichen Löschung aufgezeichneter Telefonate zwischen Verteidigern und Beschuldigten. Der BGH befasst sich quasi mit allen Bereichen des täglichen Lebens – mit dem Mietrecht, Flugrecht, Autokauf, geistigen Eigentum bis hin zur Werbung.

Generalbundesanwalt beim Bundesgerichtshof

Auch wenn landläufig von Bundesanwaltschaft gesprochen wird, ist eigentlich der Generalbundesanwalt beim Bundesgerichtshof gemeint. Die Generalbundesanwaltschaft wurde 1950 in Karlsruhe gegründet. Auf dem Gebiet des Staatsschutzes ist sie die oberste Strafverfolgungsbehörde der Bundesrepublik Deutschland. Der Gerneralbundesanwalt übt das Amt des Staatsanwalts in allen schwerwiegenden Staatsschutzstrafsachen aus, die die innere oder äußere Sicherheit in besonderem Maße berühren. Die innere Sicherheit wird durch politisch motivierte Delikte, insbesondere durch terroristische Gewalttaten, die äußere Sicherheit durch Landesverrat und Spionage gefährdet. Im Jahre 1989 fiel die Entscheidung, die Bundesanwaltschaft in einem Neubaukomplex außerhalb des Palais-Areals unterzubringen. Die Stadt Karlsruhe bot dem Bund hierfür ein Grundstück auf dem ehemaligen Gelände der Industriewerke Karlsruhe-Augsburg AG bei der Brauerstraße an. Nachdem der Architekt Oswald Mathias Ungers seine ursprüngliche Konzeption den neuen örtlichen Verhältnissen am Brauerboulevard angepasst hatte, begannen im Jahre 1994 die Arbeiten für den Neubau unter strengen Sicherheitsvorkehrungen. Vier Jahre später war das neue Domizil fertiggestellt und bestimmt seither durch seinen räumlich langgezogenen weißen Gebäudekomplex das Bild der Brauerstraße.

Badisches Landesmuseum: Schätze der Kultur- und Landesgeschichte

Die erste Medaille der Stadt Karlsruhe, die im Jahre 1720 als Auftragsarbeit in der Schweiz hergestellt wurde, ein Frühstücksservice der badischen Markgräfin Karoline Luise, die großherzogliche badische Krone aus dem Jahre 1811, etwa 400 Objekte der »Karlsruher Türkenbeute« und ein Rentier-

geweih von Engen (12 000 v. Chr.) aus der Altsteinzeit. Alles Beispiele aus der umfangreichen Liste von Sammlungsobjekten, die das 1919 gegründete Badische Landesmuseum im Karlsruher Schloss beherbergt. Es entwickelte sich über viele Jahrzehnte zur Fundgrube des Wissens und wird unter den Fachleuten als Kulturstätte hohen Ranges angesehen. Überregional machte sich das Landesmuseum mit zahlreichen Großausstellungen einen Namen – wie etwa »900 Jahre Baden«, »Imperium der Götter« und »Vor 600 Jahren in Konstanz: Weltereignis Konzil«.

Ein besonderes Verdienst kommt dabei dem mittlerweile pensionierten Museumsleiter Professor Dr. Harald Siebenmorgen zu, der in 22 Jahren Amtszeit (von 1992 bis 2014) über 200 Ausstellungen initiierte. Mit der 2013 neu eingerichteten Abteilung »WeltKultur/GlobalCulture« hat er für die Zukunft seines großen Museums gesorgt. Harald Siebenmorgen über Intention und Ziele: »Wir machen unsere durch die Nazis 1935 verschüttete Tradition der ›Völkerkunde‹ wieder präsent. Damit ist das Haus wieder komplett mit allen Ab-

Der Eingang des Badischen Landesmuseums wurde zur Ausstellung »900 Jahre Baden« zeitweise umgestaltet.

teilungen eingerichtet. Zudem wird unsere Sammlung außereuropäischer Objekte zugänglich gemacht.« Doch was ist das Besondere an der neuen Dauerabteilung? Siebenmorgen sagt dazu: »Das Neue ist der konsequente Kulturvergleich, der auch ›unsere‹ Kultur mit einbezieht. Wer weiß heute schon, dass etwa der gute deutsche Gartenzwerg seine Wurzeln in der Türkei hat? Wer würde in der Islamischen Republik Iran glauben, dass das einzige kursierende Bild des jungen Propheten Mohammed einer Bildvorlage zweier europäischer Fotografen folgt? In der neuen Sammlungsausstellung werden wir uns der ›kulturellen Globalisierung‹ bewusst. Noch immer haben wir getrennte Museen für europäische Kunst und für ›Völkerkunde‹; selbst in Paris und auch im Humboldt-Forum in Berlin wird es dabei bleiben. Begriffe wie Weltkultur, Interkultur und Transkultur sind diskussionsfähig und werden sicher auch mit kritischen Beiträgen begleitet werden. Unsere Kultur im Verflechtungsprozess mit anderen Kulturen ›auf gleicher Augenhöhe‹ zu zeigen – eine Devise, die zunehmend globalpolitisch relevant wird.«

Die hauseigenen Bestände des Badischen Landesmuseums, deren Grundstock die einstigen ethnographischen Abteilungen der »Großherzoglichen Sammlungen für Altertums- und Völkerkunde« und des »Kunstgewerbemuseums« in Karlsruhe war, kommen in der Sammlungsausstellung zu neuer Geltung.

Badisches Staatstheater: Vom Großherzoglichen Hoftheater zum Mehrspartentheater

Eigentlich beginnt die Karlsruher Theatergeschichte in der alten Markgrafenstadt Durlach (heute größter Stadtteil von Karlsruhe) im Jahre 1666 mit der Aufführung des Balletts »Glück und Tugend« im Theatersaal der Karlsburg. Mit sogenannten »Hausübersetzern« und »Hauskomponisten« wurden unter anderem Opern nach französischen und italienischen Vorlagen aufgeführt. Zu den ersten Ballettmeistern am markgräflichen Hof zählten französische Meister, so zum Beispiel Marc Antoine Missoly, der am Hoftheater im Schloss der neu gegründeten Stadt Karlsruhe von 1719 bis 1721 angestellt war. Im ersten Jahrzehnt der noch jungen Residenz wurden auch einige der in Durlach aufgeführten Opern, Ballette und Singspiele wiederholt. In der folgenden Zeit gastierten hier fremde Theater-Prinzipalschaften oder auch Wandertruppen. Nachdem Baden zum Großherzogtum aufgestiegen war, stieg auch der Bedarf nach einem größeren und repräsentativeren Theater. Die Aufgabe, dafür den geeigneten Bau zu schaffen, übertrug man dem genialen Architekten Friedrich Weinbrenner, dessen Entwurf von 1808 bei der heutigen Orangerie umgesetzt wurde. Bemerkenswert war die Akustik, »dass selbst ein Pistolenschuss nicht den geringsten Nachhall zur Folge hat und dennoch auch der gemäßigtste Ton auf jeder Stelle des Auditoriums vernehmbar ist ...«, wie ein Zeitgenosse bemerkte. Jäh endete jedoch die Ära des neuen Theaters, als ein verheerender Brand während einer Vorstellung im Februar 1847 das Gebäude zerstörte und 62 Todesopfer sowie zahlreiche Verletzte forderte. Aus der Traum von einem der

Das alte Großherzogliche Hoftheater zu Karlsruhe auf einem Stich von 1850.

Darstellung
des Karlsruher
Theaterbrands
von 1847.

modernsten Theaterhäuser Europas? Zwar saß der Schock tief und lähmte das kulturelle Leben für die nächsten Jahre. Doch schon bald reifte der Plan für ein neues Theater, das bei den Bewohnern äußerst beliebt werden sollte.

An der Stelle des heutigen Bundesverfassungsgerichtes stand von 1853 bis 1944 das neue Hoftheater. Viele Karlsruher vermissen auch heute noch dieses Großherzogliche Hoftheater und dessen unvergleichlich schöne Lage in der Nähe des Schlosses. Denn gut 90 Jahre lang war dieses Theater Ausdruck des romantischen Stils des Weinbrennernachfolgers Heinrich Hübsch. Seinerzeit wurde es als eines der schönsten Theater Deutschlands gerühmt. Mit der Berufung des Intendanten Eduard Devrient im Jahre 1852 wurde hier ein wichtiges Kapitel der deutschen Theatergeschichte geschrieben; mit seinen Reformprinzipien war er beispielgebend für das aufkommende bürgerliche Theater. Devrient stellte dem Karlsruher Publikum Werke von Christoph Willibald Gluck vor, einem der bedeutendsten Opernkomponisten der zweiten Hälfte des 18. Jahrhunderts, verfügte die ständige Einrichtung von Symphoniekonzerten und glänzte durch seine Wagner-Aufführungen, die mit ihrem Flair Karlsruhe zu so etwas wie einem »Vorort von Bayreuth« machten. Insgesamt 94 Mal wurden Wagners Opern gespielt, allein 42 Mal die Tannhäuser-Oper. Mit weiteren Intendanten und drei bedeutenden Hofkapellmeistern (Levi, Dessoff und Mottl) wurde Karlsruhe zwischen 1864 und 1903 zu einem Musikzentrum von europäischem Rang. Sie alle trafen sowohl den musikalischen als auch den dramaturgischen Geschmack des Großherzogs und der großen Fangemeinde des Theaters. 1918 wurde das Großherzogliche Theater zu einem bürgerlichen, und das »Badische Landestheater« erlebte in den 1920ern eine weitere Blütezeit. 1930 wurde das Theater erneut umbenannt – diesmal in Badisches Staatstheater. Eine besondere Aufführung fand am 3. April 1938 statt: Im Hoftheater gab es die »reichsdeutsche Uraufführung« der kroatischen Oper »Ero, der Schelm« von Jakov Gotovac. Während des Zweiten Weltkriegs wurde das Theatergebäude am Schlossplatz stark beschädigt und in den 1960er Jahren abgerissen. 1975 wurde der Neubau am Ettlinger Tor eröffnet. Heute genießt das Mehrspartenhaus bei Theaterfreunden einen ausgezeichneten Ruf. Jährlich finden im Staatstheater die Händel-Festspiele und der Opernball statt, alle zwei Jahre die Europäischen Kulturtage.

Die Staatliche Kunsthalle: Grünewaldaltar, Hans-Thoma-Kapelle und Mahlerey-Kabinett

Dass sich die Staatliche Kunsthalle zu einer Kulturstätte von europäischem Rang entwickelte, verdankt sie Markgräfin Karoline Luise (1723–1783), der Gemahlin Karl Friedrichs (1728–1811). Sie war es nämlich, die auf ihren Reisen nach Holland und Frankreich wertvolle Gemälde erworben und damit den Grundstein zur »Gemäldegalerie« gelegt hatte. Mit weiteren Gaben aus fürstlichem Besitz konnte der Bestand wesentlich erweitert werden. Was fehlte, war ein repräsentatives Gebäude. Großherzog Leopold beauftragte den Architekten Heinrich Hübsch (1795–1863), eine Kunsthalle zu bauen, die in den Jahren zwischen 1836 und 1845 fertiggestellt wurde. Darin konnten nun die erworbenen Kunstschätze untergebracht werden, um sie der Öffentlichkeit zugänglich zu machen. Durch laufende Ankäufe älterer und moderner Kunstwerke wuchs die Sammlung zusehends. Hans Thoma (1839–1924), einer der renommiertesten Maler Deutschlands, wurde 1899 zum Professor an der Großherzoglichen Kunstschule in Karlsruhe und zum Direktor der Kunsthalle Karlsruhe ernannt. Dieses Amt übte er bis 1920 aus.

Neben der altdeutschen Abteilung sind die Werke badischer Maler bis zur Gegenwart vertreten. Aus der Vielzahl der einzigartigen Schätze seien genannt: der »Tauberbischofsheimer Altar«, die »Karlsruher Passion« und die »Thoma-Kapelle«.

Die Karlsruher Kunsthalle erwarb im Jahr 1900 den zwischen 1523 und 1525 entstandenen »Tauberbischofsheimer Altar« von Mathis Gothart Nithart, genannt Matthias Grünewald. Dieser besteht aus den Gemälden »Die Kreuztragung Christi« und »Christus am Kreuz zwischen Maria und Johannes«, die ursprünglich Vorder- und Rückseite einer einzigen, 1883 jedoch gespaltenen Tafel bildeten. Seit über hundert Jahren sind sie eine viel bewunderte Hauptattraktion der Karlsruher Sammlung.

Einzigartig sind die sechs für die Straßburger Stiftskirche St. Thomas geschaffenen Tafeln der sogenannten »Karlsruher Passion« (um 1455). Sie führen auf höchst anrührende Weise den Leidensweg Christi vor Augen und gelten zu Recht als Glanzleistungen der spätmittelalterlichen Malerei.

Wenn von der »Thoma-Kapelle« die Rede ist, so handelt es sich nicht, wie man bei diesem Namen annehmen könnte, um einen kleinen Kirchenbau. Durch die architektonische Gestaltung mit lichtem Vorraum sollen Thomas Werke wie Thomas »Leben Christi«-Zyklus vielmehr zum religiösen Erlebnis werden. Große Ausstellungseröffnungen werden meist vor einem monumentalen Gemälde im Ersten Obergeschoss eröffnet: »Das Gastmahl des Plato« (Entstehungszeit: 1869) von Anselm Feuerbach. Keiner kann sich diesem Meisterwerk entziehen.

Zu einem echten »Renner« sind die alle drei Monate präsentierten besonderen »Blätter« aus dem Kupferstichkabinett geworden. Sie gehen zurück auf Markgraf Friedrich V. von Baden-Durlach (1594–1659), der vor etwa 350 Jahren begann, Zeichnungen und druckgraphische Blätter zu sammeln. Mit etwa 90 000 Werken besitzt das Kabinett eine der größten Graphiksammlungen Europas mit einem herausragenden Bestand an Druckgraphiken vom 15. Jahrhundert bis zur Gegenwart.

Seit 1973 gibt es die »Junge Kunsthalle, Kinder- und Jugendmuseum der Staatlichen Kunsthalle Karlsruhe«, die zu den ältesten ihrer Art in Deutschland zählt. Hier werden Kunst- und kulturhistorische Inhalte vom Mittelalter bis zur Gegenwart methodisch so aufgearbeitet, dass es Kindern und Jugendlichen Spaß macht, sich mit ihnen auseinanderzusetzen.

Zum 300. Gründungsjubiläum der Stadt Karlsruhe 2015 zeigt die Staatliche Kunsthalle Karlsruhe eine Große Landesausstellung über Karoline Luise von Baden (1723-1783) als Kunstsammlerin. Zur Vorbereitung dieser Ausstellung wurde in einem interdisziplinären Projekt ihre Sammelleidenschaft erforscht. Karoline Luises „Mahlerey-Kabinett" war mit über 200 Gemälden, darunter Meisterwerke von Rembrandt und Jean Siméon Chardin, eine Sammlung von europäischem Rang.

Das von Heinrich Hübsch zwischen 1836 und 1845 erbaute Gebäude der Kunsthalle ist einer der ältesten Museumsbauten Deutschlands.

Der Turmberg: Hausberg und Wahrzeichen von Durlach

Der Karlsruher Hausberg und das Wahrzeichen von Durlach ist zwar nur 256 Meter hoch, bietet aber dennoch als beliebtes Ausflugsziel für jeden etwas: Picknickplatz, Waldseilpark, Domizil von Sternekoch Sören Anders, Staatsweingut und das Landwirtschaftliche Forschungszentrum Augustenberg finden sich hier. Von der Turmbergruine mit 28 Metern Höhe aus kann man die Blicke herrlich über die Stadt bis zu den Pfälzer Bergen und den Vogesen schweifen lassen. Wer fit ist, kann zu Fuß über die »Hexenstäffele« mit ihren 528 Stufen den Berg erreichen, bequemer geht es aber in die Höhe mit der ältesten Standseilbahn Deutschlands. Auf dem Turmberg befindet sich auch die Sportschule Schöneck, in der der Badische Fußballverband (bfv) beheimatet ist. Im 1946 gegründeten Verband sind heute über 600 Vereine, 5000 Mannschaften und 200 000 Mitglieder zusammengeschlossen. Mit dem legendären Sepp Herberger gastierte 1954 die Fußball-Nationalmannschaft hier und bereitete sich auf die Weltmeisterschaft in der Schweiz vor, wo sie bekanntlich das »Wunder von Bern« vollbrachte.

Blick über Durlach auf die Rheinebene von den Weinbergen am Turmberg aus.

Der Turmberg hieß zur Zeit seiner Erbauung noch Hohenberg und wurde im Lorscher Kodex 771 erstmals erwähnt. Die Burg selbst stammt aus der Zeit zwischen 1050 und 1100 und wurde durch die Grafen von Hohenberg errichtet. Im 12. Jahrhundert fällt die Burg an die Grötzinger, die sie fortan Burg Grötzingen nennen. Nach deren Aussterben wiederum fällt die Burg an die Staufer, die sie als Lehen vergeben.

Der heutige Turm stammt aus der Zeit zwischen 1230 und 1250. 1272 und 1274 wird die Anlage von Markgraf Rudolf I. von Baden in Urkunden erwähnt. 1273 erobert König Rudolf I. von Habsburg kurzzeitig Durlach und wohl auch die Burg, die kurze Zeit später aber wieder im Besitz der Markgrafen von Baden ist. Diese residierten anfangs noch gelegentlich auf der Burg, die man jetzt »castrum Durlach« nannte. Als Markgraf Karl II. 1556 seine Residenz nach Durlach verlegen und die Karlsburg bauen lässt, bleibt der alten Burg nur noch die Funktion als Wachtturm. Seit dieser Zeit ist der heutige Name »Turmberg« gebräuchlich.

Und noch etwas macht den Turmberg so unverwechselbar: Nicht nur, dass seit dem 10. Mai 2014 offiziell die Badische Weinstraße von ihrem Endpunkt in Baden-Baden nun auch über Durlach bis in den Kraichgau führt, sondern dass zugleich an den Weinhängen ein Weg nach dem deutschen Weinbaupionier Adolph Blankenhorn benannt wurde. Die Initiatoren des »Blankenhornwegs« – Günter Malisius, Vorstand des Freundeskreises Pfinzgaumuseum und Manfred Bögle vom Verein „wirkstatt" – wollten damit dem Kämpfer gegen die Reblaus ein kleines Denkmal setzen.

Ständehaus Karlsruhe: Erster Parlamentsneubau Deutschlands

»Ganz Deutschland blickt heute nach dem Ständehaus in Karlsruhe, wo die umjubelten Volksführer die Fragen der Einheit und der Freiheit erstmals öffentlich erörtern.« So feierte

1825 Franz Schnabel, Mitglied der Ersten Kammer des badischen Landtags, sieben Jahre nach Verkündigung der ersten Verfassung des Großherzogtums Baden, den Einzug der Abgeordneten in das Parlamentsgebäude in unmittelbarer Nachbarschaft der St. Stephanskirche. Es war der erste Parlamentsneubau Deutschlands. Erst 23 Jahre später sollte in der Frankfurter Paulskirche das erste deutsche Bundesparlament zusammentreten. Bei der Grundsteinlegung für das Ständehaus, eine Schöpfung des Weinbrennerschülers Friedrich Arnold, hatte Johann Peter Hebel in seiner Festrede von einem neuen Tempel des Vaterlandes für die frei gewählten Volksvertreter gesprochen. Hoffnungsvoll sahen die Liberalen auf dieses Karlsruher Ständehaus, das Fürst Metternich wenig gefiel. Hier kämpfte Karl Theodor Welcker für die Pressefreiheit, forderte Professor von Rotteck die Schaffung einer wahren Nationalrepräsentation, wurde 1833 Badens Anschluss an den Deutschen Zollverein beschlossen, entwickelte der Freiburger Abgeordnete Franz Josef Buss erstmals mit seiner »Fabrikrede« ein umfassendes Sozialprogramm und von hier aus riefen Hecker, Itzstein, Bassermann und Zentner zur Schaffung einer freiheitlichen Demokratie auf. Mehr als ein Jahrhundert badische Geschichte ist mit dem Ständehaus verbunden, und zu ihr gehören Namen wie Heinrich Hansjakob und Julius Jolly, Josef Schofer, Adam Remmele, Willy Hellpach und Dr. Ludwig Marum. Nach einem Fliegerangriff im Jahr 1944 blieb von dem traditionsreichen Bau nur noch eine Brandruine übrig. Am 21. August 1993 wurde das in moderner Form wieder aufgebaute Ständehaus eingeweiht – am gleichen Ort, wo einst das erste deutsche Parlament stand.

Kleinste Münzprägestätte Deutschlands: Staatliche Münze Karlsruhe

Den Numismatikern ist die Prägeanstalt – die Karlsruher Münze – allemal bekannt. Sie ist die kleinste von insgesamt

In der Staatlichen Münze Karlsruhe wird heute der Euro geprägt. Zu erkennen sind die Münzen an dem Münzzeichen »G«.

fünf Münzprägestätten in Deutschland. Ihr Münzzeichen ist das »G«. Zu den Anfängen: Die Markgrafschaft Baden-Durlach hatte, wie viele andere kleine Staaten und Städte, ihre eigene Münzstätte. Im Jahre 1565 kam diese nach Durlach, als die Residenz dorthin verlegt worden war. Hier wurden nun die Münzen für die Markgrafschaften Baden-Baden und Baden-Durlach geprägt. Doch mit der Zeit beschloss man, die Münze nach Karlsruhe zu verlegen. Hierzu fertigte der Baumeister Friedrich Weinbrenner einen Plan, nach dem die Anstalt in der Stephanienstraße (am nördlichen Ende der Karlstraße) erbaut wurde. Der erste Münzchef Ludwig Kachel schuf die Medaille zur Grundsteinlegung der Münzstätte am 26. März 1826 mit Ansicht des Gebäudes und Porträt des Großherzogs Ludwig von Baden. Im Jahre 1827 konnten dort die ersten Goldstücke geprägt werden, darunter ein Zehnguldenstück – bestehend aus reinstem Rheingold – das dem Großherzog Ludwig zur Erinnerung überreicht wurde.

Einer der berühmtesten Medailleure war Carl Wilhelm Doell, der unter anderem 60 Medaillen und 32 Münzen in höchster Qualität fertigte. Zwischen 1948 und 1963 wurden über 1,3 Milliarden Geldstücke mit dem Zeichen »G« geprägt. Mit der Gründung der Bundesrepublik erhielten die Münzen seit 1950 den Schriftzug »Bundesrepublik Deutschland«. Die Karlsruher Münze prägte aber Anfang der 1950er Jahre 30 000 50-Pfennig-Münzen noch mit dem falschen, dem alten Schriftzug. Auf Grund der schlechten finanziellen Situation Deutschlands nach dem Zweiten Weltkrieg verwalzte man die Münzen allerdings nicht neu, sondern brachte sie gewissermaßen falsch in Umlauf. In Sammlerkreisen galten sie deshalb als besonders wertvoll und erzielen beim Verkauf ein Vielfaches ihres eigentlichen Wertes. Zum Zeitpunkt des »Karlsruher Münzskandals« im Jahre 1975 waren die falsch geprägten 50-Pfennig-Münzen etwa 2000 Mark wert.

Aufgrund der noch fehlenden Prüftechnik war es ein Leichtes, von den Rohlingen einige abzuzweigen. Das nutzte der damalige Münzchef Willy Ott mit zwei Mitarbeitern aus. So wurden innerhalb von sechs Jahren mindestens 1700 falsche Münzen im Wert von 500 000 Mark auf dem Sammlermarkt in Umlauf gebracht.

In zweiter Instanz verurteilte der Bundesgerichtshof einen Mitarbeiter wegen Diebstahls sowie Ott und einen weiteren Mitarbeiter wegen Geldfälscherei zu Freiheitsstrafen auf Bewährung. Heute deckt die Münze in Karlsruhe etwa 14 Prozent des Produktionsvolumens des deutschen Münzbedarfs ab.

Europas größtes Kunst- und Medienzentrum: das Zentrum für Kunst und Medientechnologie (ZKM)

Das Zentrum für Kunst und Medientechnologie (ZKM) wurde 1989 von der Stadt Karlsruhe und dem Land Baden-Württemberg als Stiftung des öffentlichen Rechts gegründet. Mit der Konstituierung des Stiftungsrats und der Berufung von Professor Heinrich Klotz (1935–1999) zum Gründungsdirektor wurde die europaweit einzigartige Kulturinstitution ins Leben gerufen. Die Idee, eine Institution zu gründen, die künstlerische Konzepte mit zukunftsweisenden Technologien

zusammenführt, geht auf das Jahr 1984 zurück und wurde im Kulturreferat der Stadt Karlsruhe weiter entwickelt. Vertreter der Kommunalpolitik, der Universität, der Staatlichen Hochschule für Musik, des Kernforschungszentrums und anderer Institutionen sowie Vertreter der Karlsruher Kunstszene bildeten 1986 die »Projektgruppe ZKM«. Eine interessante Standortalternative bot der historische Hallenbau der ehemaligen Industriewerke Karlsruhe-Augsburg (IWKA), zwischen 1914 und 1918 von dem Architekten Phillipp Jacob Manz als Waffen- und Munitionsfabrik erbaut. Die Stifter entschieden sich für den Umbau dieses Meisterwerkes der Industriearchitektur. In diesen Hallen, wo Anfang der 1950er Jahre noch Radios von Siemens vom Band liefen, erfolgte 1993 der symbolische »Spatenstich«: Unterstützt von zwei Pressluftthämmern gaben Karlsruhes Oberbürgermeister Professor Dr. Gerhard Seiler und ZKM-Leiter Professor Dr. Heinrich Klotz das Startzeichen für den Umbau des IWKA-Hallenbaus zum Zentrum für Kunst- und Medientechnologie (ZKM) und die Hochschule für Gestaltung (HfG). Vier Jahre später, am

»Car Culture« vor dem ZKM. Zu sehen ist im Hintergrund der berühmte blaue Kubus auf der linken Seite und der Eingangsbereich.

18. Oktober 1997, konnte schließlich Europas größtes Kunst- und Medienzentrum offiziell eröffnet werden.

Weit vorausschauend wurde das ZKM von den Machern als eine Neugründung bezeichnet, die ins nächste Jahrtausend weise, da es konsequent die Kunst mit den neuen Medien verbinde. Einmalig ist die Kombination von Sammlung, Forschung und Präsentation, dargestellt in zwei Museen, einem Musik- und einem Bildmedieninstitut, einer Mediathek und einem Medientheater. Der erste ZKM-Vorstand Professor Heinrich Klotz vertrat die Ansicht: »Das ZKM ist beides: Klassisches und Modernes, und doch weit mehr«.

Die Stadt Karlsruhe hatte in den Umbau für das ZKM und in die Städtische Galerie 164 Millionen Mark investiert. Im ZKM finden jährlich ungefähr 25 Ausstellungen und 100 Veranstaltungen statt. Es erscheinen durchschnittlich 15 Publikationen. Das seit 1996 von Professor Peter Weibel geleitete Zentrum für Kunst und Medientechnologie hat sich zu einer Kulturinstitution entwickelt, die europaweit großes Ansehen genießt.

Die älteste Technische Hochschule Deutschlands: das Karlsruher Institut für Technologie (KIT)

Sie ist die älteste Technische Hochschule und doch so zukunftsorientiert, dass es für Microsoft-Chef Bill Gates ein Muss war, erstmals an einer deutschen Uni Station zu machen. Es muss also schon etwas dran sein an dieser 1825 nach dem Vorbild der Pariser École Polytéchnique gegründeten ehemaligen Polytechnischen Schule. Seit dieser Zeit setzte und setzt die Karlsruher Universität Maßstäbe in Europa.

Erste Anregungen für eine Polytechnische Schule gingen von Johann Gottfried Tulla, dem ersten Leiter der Ingenieurschule, und von Friedrich Weinbrenner, dem Vorsteher der Karlsruher Bauschule, aus. Im Jahr 1832 unterzog der badische Staatsrat Karl Friedrich Nebenius die Polytechnische Schule einer grundlegenden Reorganisation. Von her-

DEN GEFALLENEN   ZUM GEDAECHTNIS

ausragender Bedeutung für die weitere Entwicklung waren die Berufung des Maschinenbauers Ferdinand Redtenbacher und des Chemikers Karl Weltzien. Mit der von Redtenbacher aufgebauten Maschinenbauschule und der chemisch-technischen Schule Weltziens erlebte die Polytechnische Schule in den 1850er und 1860er Jahren einen ersten Höhepunkt. Die Schülerzahlen stiegen auf mehr als 800 an. 1865 erhielt die Polytechnische Schule ein neues Statut, das die Anstalt dem Charakter nach als »technische Hochschule« auswies. Die offizielle Umbenennung in »Technische Hochschule« erfolgte im Jahr 1885, in dem auch die Abteilung für Elektrotechnik eingerichtet wurde. »Der Ingenieur, der mitten im Wirtschaftsleben steht, ist berufen, an der Lösung sozialer und ethischer Aufgaben teilzunehmen, er kommt mit den Arbeiten in unmittelbare Berührung, er soll ein Urteil haben über soziale Fragen und ein Herz für soziale Härten ...« Diese Aussagen stammen nicht etwa von einem Theologen, sondern von einem Pionier der wissenschaftlichen Elektrotechnik, der an der Universität Karlsruhe lehrte: Engelbert Arnold (1856–1911). Dabei offenbaren seine Erkenntnisse ein-

Der Ehrenhof des Campus Süd des Karlsruher Instituts für Technologie (KIT). In der Mitte das Gefallenendenkmal mit der Pallas Athene.

mal mehr, welche Dynamik vom Wissenszentrum der ältesten Technischen Hochschule Deutschlands ausging. 1902 erbat und erhielt die Hochschule vom badischen Großherzog Friedrich I. das Recht, sich als Dank für die erhaltene Förderung »Fridericiana« zu nennen.

Die Zeit des Nationalsozialismus brachte einen Rückgang der Studierendenzahlen, die Abteilungen für Maschinenwesen und Elektrotechnik wurden 1934 zusammengelegt. Seit 1937 bezeichnete man die Abteilungen der Technischen Hochschulen reichseinheitlich als Fakultäten. Durch rassistisch und politisch motivierte Verfolgungen verloren eine Reihe von Professoren ihre Stellen, Doktorgrade wurden aberkannt. 1943 und 1944 erlitten die meisten Gebäude der Technischen Hochschule durch Fliegerangriffe schwerste Schäden.

Nach dem Zweiten Weltkrieg wurde die Technische Hochschule im Februar 1946 wiedereröffnet. Der Wiederaufbau erfolgte unter Heranziehung der Studierenden, die bis zu 1000 Arbeitsstunden abzuleisten hatten. 1957, als die Informationstechnik (IT) noch nicht in aller Munde war, führte der Karlsruher Professor Karl Steinbuch den Begriff »Informatik« ein.

Seit den 1960er Jahren erlebte die 1967 in Universität Karlsruhe (TH) umbenannte Hochschule einen umfangreichen Ausbau. Die Fakultät für Informatik wurde zum 1. Oktober 1972 als erste so bezeichnete deutsche Einrichtung gegründet. Zum 1. Oktober 2009 kam es zum Zusammenschluss von Universität und Forschungszentrum Karlsruhe zum Karlsruher Institut für Technologie (KIT). Am KIT sind heute 24 500 Studierende immatrikuliert. Es ist damit das größte Forschungszentrum Deutschlands (Stand 2014).

Die Strahlkraft der Technischen Hochschule reichte bereits im 19. Jahrhundert bis in die USA. William Barton Rogers, Direktor des 1861 gegründeten weltberühmten Massachusetts Institute of Technology (MIT), formulierte die hohe Wertschätzung für das Karlsruher Vorbild so: »Das Polytechnische

Institut in Karlsruhe, das als Modelleinrichtung für Deutschland und vielleicht ganz Europa gesehen wird, kommt dem, was das MIT werden soll, näher als irgend eine andere ausländische Institution.«

Großherzogliche Grabkapelle: Monument für die Ewigkeit

Sie ist eines der beliebtesten Ziele in Karlsruhe: die Großherzogliche Grabkapelle im Hardtwald. Ein Monument der badischen Geschichte, das ab 1889 errichtet wurde. Den ersten Entwurf für die neugotische Kapelle hatte der erzbischöfliche Baumeister Franz Baer aus Freiburg geliefert. Erbaut wurde das stimmungsvolle Bauwerk aus rotem Buntsandstein aber

In der Großherzoglichen Grabkapelle haben zahlreiche Mitglieder der großherzoglichen Familie ihre letzte Ruhestätte gefunden.

von dem Karlsruher Architekten Hermann Hemberger und seinem Sohn Friedrich.

Die Fertigstellung zog sich fünf Jahre hin. Den Auftraggebern, dem badischen Großherzog Friedrich I. und seiner Frau Luise von Preußen, lag die Grabkapelle so sehr am Herzen, dass sie immer wieder direkt Einfluss auf den Bau nahmen. In der Kapelle wollte das badische Herrscherpaar den früh verstorbenen jüngsten Sohn bestatten. Dafür sollte »in der Abgeschiedenheit des Waldfriedens« ein Ort des Gedenkens entstehen. Der Neubau löste die älteren Grablegen in der Schlosskirche in Pforzheim und in der Karlsruher Stadtkirche ab. Denn das waren alles Orte, die vom Großherzogspaar nicht ohne öffentliches Aufsehen besucht werden konnten.

Im Jahre 1964 übernahm das Land Baden-Württemberg die Grabkapelle. Heute wird sie von den Staatlichen Schlössern und Gärten Baden-Württemberg verwaltet. Für die Besucherinnen und Besucher zugänglich ist die Oberkirche, in der drei eindrucksvolle Marmorliegefiguren an den Prinzen Ludwig Wilhelm und seine Eltern erinnern. Die Gruft – die eigentliche Grablege –, in der insgesamt 17 Mitglieder des Hauses Baden ihre letzte Ruhe gefunden haben, ist nur im Rahmen von Sonderführungen zugänglich.

Der Japangarten – ältester fernöstlicher Garten Europas

Sicher gibt es viele fernöstliche Gärten in Europa. Wenn aber der japanische Garten in Karlsruhe zuerst genannt wird, liegt es an zwei Dingen: Er ist der älteste dauerhaft existierende japanische Garten auf dem europäischen Kontinent.

Angelegt wurde er 1913/1914 vom damaligen Gartenbaudirektor Friedrich Ries. Im Jahre 1927 würdigte der japanische Kultusminister Rentaro Mizuno in einem Brief an den damaligen Oberbürgermeister Julius Finter die japanische Gartenkunst als wichtigen Beitrag der deutsch-japanischen Völker-

verständigung. Außerdem betonte er den künstlerischen Wert des japanischen Ensembles, das ein Schmuckstück sei, und die Einzigartigkeit des Shinto-Schreins in Europa.

Der Shinto-Schrein kam nach Karlsruhe, weil der hiesige Medizinprofessor Siegfried Gräff 1926 an den Oberbürgermeister der Stadt Nagoya schrieb und anfragte, ob es möglich sei, der Stadt Karlsruhe für den Japanischen Garten einen Shinto-Schrein mit steinernen Wachhunden zur Verfügung zu stellen. Zum Hintergrund des Schreibens: Professor Gräff selbst hatte von 1923 bis 1925 an der Universität Niigata als Gastprofessor im pathologischen Institut gelehrt und in Japan Kontakte geknüpft. So stieß das zitierte Schreiben aus Karlsruhe auf rege Zustimmung. Die Stadt Nagoya gab die gewünschten Arbeiten in Auftrag. Karlsruhe sollte lediglich die Material- und die Frachtkosten übernehmen. So kam es dann auch. Im März 1927 traten die Geschenke ihren langen Weg nach Karlsruhe an, wo sie am 29. September eintrafen.

Auch die japanischen Medien berichteten über diese Schenkung. So titelte die Zeitung Nichi-Nichi-Shimbun in

Das Torii, das japanische Tor, am Eingang des Japangartens.

Die Anfänge
des Botanischen
Gartens gehen
bis auf den
Stadtgründer
Karl Wilhelm
zurück. Heute
ist er einer der
beliebtesten
Gärten in der
Fächerstadt.

ihrer Ausgabe vom 31. Januar 1928: »Japanisches in einem deutschen Park. Ein japanischer Garten und Shinto-Schrein in der Hauptstadt von Baden.«

Seit 1994 hat die Deutsch-Japanische Gesellschaft die Patenschaft für den Garten übernommen. Es sind Kostbarkeiten wie die Steinbrücke und die vielfältige fernöstliche Flora, die für den Besucher eine beruhigende Wirkung ausstrahlen.

Karlsruhes beliebtes Grün: der Botanische Garten

Den Botanischen Garten – das beliebte grüne Kleinod abseits von Baustellen, Trubel und lärmerfülltem Getümmel – verdankt die Fächerstadt in erster Linie dem Markgrafen Karl Wilhelm von Baden-Durlach, der 1715 mit der Stadtgründung zugleich auch den Grundstein zu einem Lust- und Jagdschloss legte. Der »hochfürstliche Lustgarten« umfasste prachtvolle Orangerien, Gärten mit Blumen- und Glashäusern, Volieren und Grotten. Enkel Karl Friedrich setzte die gärtnerische Tradition fort. Nach den Plänen von Friedrich

Weinbrenner entstand ab 1808 der neue Botanische Garten. Das Ensemble, das unter Großherzog Friedrich I. von Heinrich Hübsch zwischen 1854 und 1857 umgestaltet wurde, ist in wesentlichen Teilen noch heute erhalten. Die historischen Bauten der Kunsthalle, der Orangerie, der Gewächshäuser und des Wintergartens sowie das moderne Gebäude des Bundesverfassungsgerichts schirmen den Garten vor dem Trubel der Stadt ab.

Naturkundemuseum: Cook-Muscheln und Karlsruher Nashornschädel

Das Staatliche Museum für Naturkunde Karlsruhe geht auf die markgräflich-badischen Sammlungen von Kuriositäten und Naturalien zurück. Durch die Interessen und das Engagement von Markgräfin Caroline Luise von Baden wurden sie zwischen 1752 und 1783 zu einer bedeutenden wissenschaftlichen Sammlung ausgeweitet.

Der erste Direktor war Carl Christian Gmelin (1762–1837), der 51 Jahre lang die Geschicke des Naturkundemuseums leitete. Sein botanisches Hauptwerk war die ab 1805 in vier Bänden erscheinende »Flora Badensis Alsatica«, eine umfassende Beschreibung der in Baden und im Elsass heimischen Pflanzen. Dieses Werk bezeugt auch Gmelins Freundschaft mit Johann Peter Hebel, und zwar in Form der Pflanzenart »Hebelia«, die Gmelin nach dem Dichter benannte.

Das heutige Naturkundemuseum weist einige Superlative auf: das weltweit größte Flugsauriermodell (Hatzegopteryx thambema) mit zwölf Metern Flügelspannweite, einen kompletten fossilen Nashornschädel als bedeutendsten Fund aus der Gegend um Karlsruhe und einige Turbanschnecken aus den Südsee-Forschungsreisen des britischen Entdeckers James Cook (1728–1779). Karlsruhe kann auch als „Krakenstadt" bezeichnet werden, denn bereits zehnmal hat Hannes Kirchhauser, Chef des Vivariums im Naturkundemuseum, einen Kraken ins Fernsehen gebracht. Und dann ist da noch ein Rüsselkäfer, der zur weltweiten Sensation wurde, weil KIT-Forscher entdeckten, dass das Hüftgelenk eines solchen Käfers das erste biologische Schraubengewinde besitzt.

Zoologischer Stadtgarten mit einem Berg mitten in der Stadt

Der als Kulturdenkmal eingestufte Zoologische Garten, der sich durch eine Verknüpfung aus reinem zoologischem Garten und innerstädtischer Parkanlage auszeichnet, hat auch einen Berg – den Lauterberg.

Von dieser höchsten Erhebung mitten in der Stadt mit rund 154 Metern bietet sich den Besuchern bei klarer Sicht eine phantastische Aussicht, etwa auf die Via Triumphalis mit der Pyramide in der Innenstadt oder nach Westen bis zum Pfälzerwald. Dazu wurde Oberbürgermeister Wilhelm Florentin Lauters (1821–1892) originelle Idee umgesetzt, ein Wasser-Hochreservoir aus Stahlbeton für 3200 Kubikmeter Wasser zu schaffen, indem man einen dazu künstlich aufgeschütteten Berg entstehen ließ. Damit hatte man den Blick auf den unansehnlichen Wasserbehälter geschickt vermieden. Nach seinem »Ideengeber« wurde der 1893 fertig gestellte Berg fortan »Lauterberg« genannt.

Blick auf die Stadtmitte vom Lauterberg aus.

Karlsruher Persönlichkeiten

Kluger Herrscher von europäischem Format: Stadtgründer Karl Wilhelm

Die Biografie des Stadtgründers Karl Wilhelm (1679–1738) könnte den Stoff für einen spannenden Film liefern. Er hatte einen hohen Intelligenzquotienten, sprach mehrere Sprachen, reiste durch Europa, feierte beinahe eine Hochzeit in Schweden, kam einem Palast-Einsturz zuvor und gründete schließlich 1715 die Stadt Karlsruhe.

Schon mit 14 Jahren beherrschte Karl Wilhelm mehrere Sprachen, verbrachte Studienaufenthalte unter anderem in Lausanne, Genf, Utrecht und London. Eine gute Figur machte er auch im Heer des Markgrafen Ludwig. Als Oberst kam er so nach Italien und hatte sicher einen »badischen Schutzengel«, als er sich in Florenz aufhielt. Kurz nachdem er wieder in Richtung Heimat aufgebrochen war, stürzte nämlich der Palast, in dem er übernachtet hatte, ein. Sein weiterer Werdegang führte ihn an die Höfe Norddeutschlands und Schwedens. Beim Besuch bei der Witwe von König Karl Gustav (sie war die Schwester seiner Mutter Maria Augusta) in Stock-

holm bahnte sich eine Verbindung mit der Tochter Karls XI.
an. Doch die Heirat kam nicht zustande – obwohl dies dem
Karlsruher die Anwartschaft auf den schwedischen Thron
verschafft hätte. Allerdings wäre es dann wohl nie zur Gründung der Fächerstadt Karlsruhe gekommen. Auf seiner Rück-
reise besuchte er Kopenhagen, Berlin und schließlich Basel,
wo sein Vater sich gerade aufhielt. Es ist auch die Stadt, in
der Karl Wilhelm heiratete. Die badisch-schwäbische Hochzeit mit Magdalena Wilhelmine, Tochter des Herzogs Ludwig
Wilhelm von Württemberg fand am 8. Juli 1697 statt. Am
17. Juni 1715 legte der Fürst den Grundstein zum Karlsruher Schloss und verlegte seine Residenz von Durlach in den
Hardtwald. Er regierte die Markgrafschaft Baden-Durlach
von 1709 bis zu seinem Tod 1738.

Botanikerin, Mäzenin und Kunstliebhaberin: Karoline Luise von Baden

Markgräfin Karoline Luise von Baden (1723–1783) war eine hoch gebildete Frau, die auch ein Gespür für die Anliegen der ärmeren Bevölkerung hatte. Sie liebte die Künste, ganz besonders die Malerei und die Musik, studierte die Naturgeschichte und beschäftigte sich zeit ihres Lebens mit Botanik und Mineralogie. Außerdem beherrschte sie fünf Sprachen und las die lateinischen und griechischen Klassiker im Original. Karoline Luise legte ein Naturalien- und Kunstkabinett sowie eine eigene Büchersammlung mit über 3300 Werken zu Kunst, Literatur, Theologie, Geschichte, Naturwissenschaften und Medizin an.

Ihr reger Austausch mit Schriftstellern und Gelehrten wurde gekrönt durch den persönlichen Kontakt zu Voltaire, der sie schätzte. Der Philosoph Johann Caspar Lavater nannte sie 1782 die »Vielwisserin und Vielfragerin von Baden«.

Karoline Luise förderte den Aufbau einer modernen Pflanzensammlung. Sie ließ neue Arten einführen und die Bestände nach wissenschaftlichen Kriterien ordnen: nach dem seit 1735 entwickelten System des schwedischen Botanikers Carl von Linné (1707–1778). Auch ein Druckwerk nach seiner Pflanzensystematik plante sie – es scheiterte an den Kosten. Linné benannte 1775 eine neu entdeckte Pflanze – die Glückskastanie – nach ihr und gab ihr den Namen Carolinea prinzeps L. (heute: Zimmerpflanze Pachira aquatica). Karolines künstlerische Bestrebungen fanden auch Anerkennung im Ausland. So wurde sie 1763 Mitglied sowohl in der italienischen Kunstakademie als auch in der dänischen Bildhauer- und Bauakademie. Sie ging mit ihrem Gemahl Karl Friedrich

Sammlerin und beliebte Landesmutter: Karoline Luise von Baden, die Gattin von Karl Friedrich von Baden (1728–1811).

von Baden-Durlach auf Studienreisen nach England, Holland und in die Städte Dresden und Meißen. Noch in ihrem Todesjahr 1783 reiste die Markgräfin nach Paris, geleitet von ihrer Liebe zu Kunst und Wissenschaft. Nach einem Theaterbesuch verstarb sie am 8. April 1783 in Paris an Herzversagen.

Doch ihr Vermächtnis lebt fort. Ein Teil der umfangreichen Sammlungen Karoline Luises ist in den Karlsruher Museen bis heute zu sehen. Ihre Gemälde niederländischer und französischer Meister des 17. und 18. Jahrhunderts bildeten den Grundstock der Staatlichen Kunsthalle, ihr Naturalienkabinett die Basis des Naturkundemuseums. Zum 300. Gründungsjubiläum der Stadt Karlsruhe 2015 wird es in der Staatlichen Kunsthalle Karlsruhe eine Große Landesausstellung über Karoline Luise von Baden als Kunstsammlerin geben.

Bedeutendster Baumeister der Stadt: Friedrich Weinbrenner

»Ich habe die Ehre, Ihrer Durchlaucht zu versichern, dass ich wenige Künstler kenne, die mehr ruhig prüfende Vernunft, mehr Kenntnis, Geschmack, Fleiß und Bescheidenheit besitzen. Ein solcher Mann ist eine wahre Akquisition für einen Staat, eine wahre Ehre für Baden.« So charakterisierte der berühmte Philosoph Johann Kaspar Lavater den Architekten und Stadtplaner Friedrich Weinbrenner anlässlich seiner Berufung zum badischen Baudirektor im Jahr 1797. Lavaters Überzeugungen galten viel beim Markgrafen, und so übertrug er Weinbrenner die Aufgabe, die noch junge Stadt Karlsruhe aufzubauen.

Friedrich Weinbrenner (1766–1826) wurde in Karlsruhe geboren und erlernte im väterlichen Betrieb das Handwerk des Zimmermanns. Doch bald entdeckte er seine Neigung zur Baukunst. Er besuchte das Gymnasium und war danach einige Zeit in der Schweiz als angesehener Baumeister tätig. Lehr- und Wanderjahre folgten: Über Wien, Dresden und Ber-

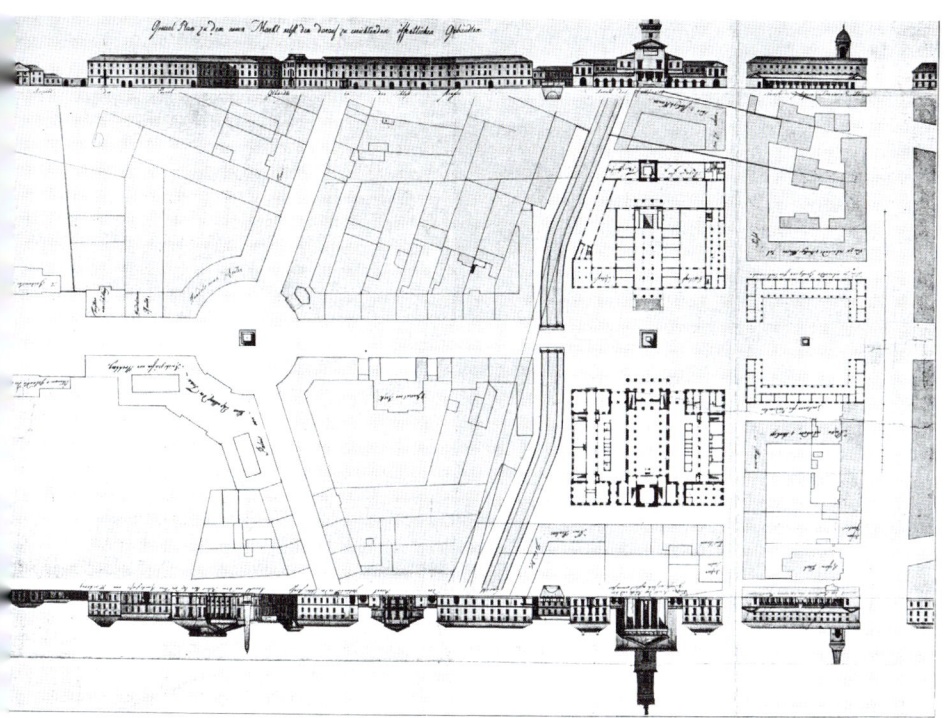

lin gelangte Weinbrenner 1792 nach Rom, wo er eifrig die Gebäude und Entwurfsregeln der alten Meister studierte.

Zurück in seiner Heimatstadt, konnte er 1801 als Bauinspektor im fürstlichen Bauamt die Nachfolge von Baudirektor Wilhelm Jeremias Müller antreten. Die Stelle als oberster Baubeamter Badens, als Stadtplaner, Architekt und Lehrer, behielt er bis zu seinem Tode im Jahre 1826.

Friedrich Weinbrenner wurde in den folgenden Jahrzehnten zum wichtigsten Vertreter des klassizistischen Baustils in Karlsruhe und der Region. Seine Aufgabe war es, das vormals eher kleine markgräfliche Karlsruhe zu einer großen und prächtigen großherzoglichen Residenzstadt auszubauen. Der sogenannte »Weinbrenner-Stil« wurde dabei zum Vorbild für viele Stadtplaner und Bauherren im Großherzogtum Baden.

Bauplan von Friedrich Weinbrenner aus dem Jahre 1803 tur den Marktplatz und die Via Triumphalis.

Zu den wichtigsten Weinbrenner-Bauten in Karlsruhe gehören: Marktplatz, Evangelische Stadtkirche, Rathaus, Rondellplatz, Großherzog-Karl-Denkmal (»Verfassungssäule«) und Markgräfliches Palais, Katholische Stadtkirche St. Stephan, Brunnen auf dem Ludwigsplatz, Staatliche Münzstätte, Kanzleigebäude Promenadenhaus und das Stephanienbad (Stadtteil Beiertheim).

Daneben gab es noch weitere historische Bauwerke und Gebäude, die nicht mehr erhalten sind. So etwa das Hoftheater und das Lusthaus im Garten des Markgräflichen Palais.

Wer auf den Spuren von Weinbrenner wandeln möchte, ist im Stadtzentrum auf der Karl-Friedrich-Straße genau richtig. Denn das ist Weinbrenners Via Triumphalis, auf der mit dem Rathaus, der evangelischen Stadtkirche und dem Markgräflichen Palais die repräsentativsten Gebäude der Stadt liegen. Wer auf ihr entlanggeht, für den ergeben sich interessante Eindrücke, die durch den Blick auf den Schlossturm und die Pyramide noch verstärkt werden.

Der Rheinbändiger: Johann Gottfried Tulla

Eigentlich sollte der Rüppurrer Johann Gottfried Tulla (1770–1828) Pfarrer werden und besuchte zunächst das Lyzeum. Doch seine Leidenschaft galt der Mathematik, die ihn schon mit 19 Jahren zum Geometer (Experte im Vermessungswesen) werden ließ. Im Jahre 1790 bekam er seine erste Anstellung mit einem Tagegeld von 45 Kreuzern (etwa 1,80 Mark). Tulla aber wollte sich weiterbilden und studieren. Er muss aufgrund seiner Arbeit in der Gunst des Markgrafen Karl Friedrich gestanden haben, denn dieser unterstützte ihn in seinem Bestreben und ermöglichte es ihm, bei einem Mathematiker in Gerabronn an der Jagst eine zweijährige Ausbildung in Mathematik, Wasserbau, Mechanik und Brückenbau zu absolvieren. Nach dieser Zeit wurden Tulla sogar noch weitere Geldmittel bewilligt, um sich bei seinen Reisen in Deutschland, Holland,

Dänemark und Norwegen fortzubilden. Danach studierte er an der Bergakademie in Freiberg und kehrte schließlich nach Karlsruhe zurück, wo er im Jahre 1797 als Ingenieur mit einem Jahresgehalt von 400 Gulden (etwa 684 Mark) in den Staatsdienst übernommen wurde. Dem Karlsruher Ingenieur wurde in Heidelberg sogar eine Professorenstelle angeboten, die er aber ablehnte, um stattdessen in Karlsruhe eine Ingenieurschule – die Vorgängerin der Universität Karlsruhe – zu gründen.

Tullas Interesse wandte sich ab dem Jahre 1804 den Rheinbauten zu. Er machte Vermessungen, fertigte Zeichnungen an, untersuchte und berechnete, wie eine geplante Rheinregulierung durchgeführt werden könnte. Im Jahre 1809 konnte er seine Pläne vorstellen, die ihn zum großen

Karte des alten Flusslaufes nördlich von Karlsruhe vor der Rheinbegradigung durch Johann Gottfried Tulla.

Rheinbändiger werden ließen. Daneben war er als Gutachter und Planer von Straßen- und Brückenbauten und Flussregulierungen außerhalb Badens ein geschätzter Fachmann. Doch zurück zum Oberrhein. Der Oberingenieur begradigte den Fluss auf einer Länge von 266 Kilometern. Ein gewaltiges Projekt. Das war nötig geworden, da der mäandernde Fluss die Grenze zwischen dem Großherzogtum Baden, Frankreich und der Pfalz bildete, die, je nach Flusslauf, immer wieder neu vermessen werden musste. Außerdem litt die Schifffahrt unter den widrigen Bedingungen. Die Tullasche Rheinbegradigung schuf so die Voraussetzung für die Schiffbarmachung des Flusses zwischen Worms und Basel. Außerdem verringerten sich damit die Risiken von Überschwemmungen am Oberrhein, die besonders für die Zivilbevölkerung und die Landwirtschaft negative Auswirkungen hatten. Allein zwischen dem Raum Karlsruhe und Mannheim schrumpfte der Fluss von 135 auf 86 Kilometer.

Es gab aber auch negative Folgewirkungen. Die Rheinarme versandeten immer mehr und trockneten aus. Allein am Oberrhein verschwanden so über 130 Quadratkilometer Auengebiete. Und damit unzählige Laichgebiete der Fische. Nach der Chemiekatastrophe 1986 bei Sandoz in der Schweiz wurde von den Rhein-Anliegerstaaten das »Aktionsprogramm Rhein 2000« beschlossen. Damit konnte die Wasserqualität nachhaltig verbessert werden. Heute wird versucht, den Ausgleich zwischen Ökonomie und Ökologie im Rahmen des staatlich finanzierten »Integrierten Rheinprogramms« zu schaffen.

Das unstete Leben und die übermäßige Arbeitsleistung zehrten an Tullas Gesundheit. Darum begab er sich im Januar 1827 zu einer Kur nach Paris, wo er noch im gleichen Jahr zum französischen Offizier der Ehrenlegion ernannt wurde. Ein Jahr später starb Tulla an den Folgen der Malaria und wurde auf dem dortigen Montmartre-Friedhof (Cimetière de Montmartre) als Jean Godefroy Tulla neben vielen weiteren berühmten Persönlichkeiten begraben. Sein Grabstein zeigt in

einem Relief das so genannte »Altriper Eck«, einen der technisch schwierigsten Abschnitte der Rheinbegradigung nahe dem pfälzischen Dorf Altrip.

Drei schwedische Orte sind nach einer Karlsruher Prinzessin benannt

Etwas Außergewöhnliches stellt die Benennung gleich dreier Orte nach einer Karlsruher Prinzessin dar. Friederike Dorothea Wilhelmine von Baden heißt die Dame, welche am 12. März 1781 in Karlsruhe geboren wurde. Als Frau von König Gustav IV. Adolf war sie von 1797 bis 1809 Königin von Schweden. Sie starb am 25. September 1826 in Lausanne. Der schwedische König muss seine Dorothea so sehr geliebt haben, dass er noch zu ihren Lebzeiten gleich drei Orte in der schwedischen Provinz Västerbottens län, Teil der historischen Provinz des Samilandes (Schwedisch-Lappland), nach ihr benannte. Nämlich: Dorotea, Fredrika und Vilhelmina. Diese Benennungen waren schon ungewöhnlich für damalige Verhältnisse, waren es doch alte samische Orte der skandinavischen Urbevölkerung.

Der Erfinder des Laufrads: Karl Drais

»Als die Räder laufen lernten«, so könnte die Geschichte des Fahrrades beginnen. Tatsächlich steht am Anfang die Erfindung der Laufmaschine, die der Karlsruher Erfinder Karl Friedrich Freiherr Drais von Sauerbronn (1785–1851) im Jahr 1817 erstmals der Öffentlichkeit vorstellte. Dieses einspurige Zweirad, auf dem man sich sitzend und mit den Füßen abstoßend fortbewegte, sollte in seiner Weiterentwicklung schon bald das Verkehrswesen revolutionieren.

Drais war mit seiner innovativen Idee und deren praktischer Umsetzung vielen seiner Zeitgenossen – auch den Eliten in Wissenschaft und Technik – weit voraus. Leider ist Drais schließlich zwischen alle Stühle geraten und verstarb später, physisch und psychisch krank, als verarmter und verlachter Sonderling.

Selbst Professor Heinrich Meidinger, damaliger Gewerbehallenleiter in Karlsruhe und selbst Erfinder, sprach noch 1892 Drais jegliche Erfinderqualitäten ab. Dieser wurde als »spinnerter Forstmeister« bezeichnet und in einem Gutachten des Amtsarztes »wegen seiner Handlungen nicht mehr als zurechnungsfähig« eingestuft.

Karl Drais wurde als Kind adliger Eltern am 29. April 1785 in Karlsruhe geboren, wo er auch seine Schulausbildung genoss. Nach dem Studium in Heidelberg und einer kurzen Tätigkeit als Forstmeister in Diensten des badischen Staates ließ er sich »unter Vorbehalt seiner Dienstrechte« beurlauben, um seinen technischen Basteleien nachzugehen. Er übersiedelte nach Karlsruhe, wo 1813/14 seine erste »Laufmaschine« entstand. Dem beurlaubten Beamten wurde zugestanden, seine Laufmaschine den Stäben des österreichischen Kaisers Franz I. sowie des russischen Zaren Alexander vorzuführen. Nach der zeitgenössischen Überlieferung soll ihm der russische Zar, der von den Drais'schen Vorführungen angetan und begeistert war, einen Brillantring geschenkt haben. Weder diejenigen, die seine Erfindung amüsiert belächelten, noch die badische

Regierung, die bemängelte, dass Drais seine Demonstrationen in der Uniform eines großherzoglichen Forstmeisters durchführte, konnten ihn abhalten, noch im gleichen Jahr nach Wien zu reisen. Denn alles, was in Erfinderkreisen etwas auf sich hielt, wollte beim Wiener Kongress dabei sein. So auch Karl Drais. Fürwahr – dieses Fahrgestell, auf dem der Herr im Dienstrock mit »wehenden« Beinen durch die Alleen von Laxenburg und Schönbrunn oder durch den Prater dahinflog, lenkte die Blicke der gekrönten Häupter, Staatsmänner, Politiker und Diplomaten auf sich.

Im Jahre 1817 unternahm Drais mit seiner inzwischen verbesserten Laufmaschine zwei Probefahrten, zum einen von Mannheim nach Schwetzingen und zum anderen von Gernsbach nach Baden-Baden.

Im September des gleichen Jahres ließ ihm der damalige Großherzog ein Anerkennungsschriftstück zukommen, in dem des Forstmeisters »ausgezeichnetes Talent für Wissen-

Zum 225. Geburtstag des Erfinders trafen sich im Jahre 2010 zahlreiche Fahrradbegeisterte zu einer »Fahrradparade«.

Denkmal für den adligen Dichter auf dem nach ihm benannten Scheffelplatz.

schaft und Industrie« gerühmt wird. Vom Innenministerium erhielt Drais »ein Erfindungspatent auf zehn Jahre«.

Das von ihm erfundene Zweirad – die nach ihm benannte »Draisine« – konnte laut einer Werbebroschüre des Erfinders aus dem Jahre 1817 bergab »die besten Pferde auf langen Strecken – und doch mit größerer Sicherheit gegen Unglücksfälle« übertreffen. Im gleichen Blatt heißt es weiter: »... so gut schiebt ein Mensch sein eignes Gewicht viel leichter auf meiner Maschine fort, als er es selbst trägt.« Im Gegensatz zu heutigen Fahrrädern hatte die Draisine keine Pedale. Man setzte sich rittlings darauf und stieß sich mit den Füßen vom Boden ab.

Im Revolutionsjahr 1848/49 legte Drais seinen Adelstitel ab und bekannte sich zu den Forderungen der Demokratiebewegung. Nach der Niederschlagung der Revolution und der Wiederherstellung der Monarchie wurde seine Pension zur Abdeckung der Revolutionskosten beschlagnahmt. Der Erfinder verarmte völlig, zudem wurde gegen ihn ein Entmündigungsverfahren angestrengt. Seine Verwandten kamen der Entmündigung allerdings zuvor und erklärten, künftig für ihn sorgen zu wollen. Drais starb am 10. Dezember 1851 als verkanntes Genie. Erst 1891 veranlasste der deutsche Rad-fahrerbund posthum eine Rehabilitierung des Karlsruher Er-finders. Aus Spendengeldern wurde ihm ein repräsentatives Grabmal auf dem Karlsruher Hauptfriedhof errichtet. Das Ur-Fahrrad aus Karlsruhe, die original Drais'sche Laufmaschine, kann heute im Verkehrsmuseum Karlsruhe besichtigt werden.

Adliger Dichter und Texter von Studentenliedern: Josef Victor von Scheffel

Heute sind bei studentischen Feiern Lieder von eigenen Bands oder vom DJ angesagt. Gängige Ohrwürmer werden lautstark mitgeschmettert. Das war eigentlich immer so. Im 19. Jahr-hundert beispielsweise konnte auf deftige Studentenlieder à la Joseph Victor von Scheffel (1826–1886) zurückgegriffen werden. Sie gehörten damals zu Deutschlands beliebtesten »Kneipensongs«. Der gebürtige Karlsruher schuf »Hits« wie »Als die Römer frech geworden«, »Alt-Heidelberg, du feine« und »Wohlauf, die Luft geht frisch und rein«. Mit letztge-nanntem Lied hat sich Scheffel bei den Franken unsterblich gemacht. Sie nennen es noch heute das »Lied der Franken«, und das Lied wird zuweilen als die »heimliche Nationalhymne Frankens« angesehen. Die Redewendung »es hat nicht sollen sein« geht ebenfalls auf Scheffel zurück. Mit seinen Werken »Ekkehard« und »Der Trompeter von Säckingen« erfreute sich der volkstümliche und humorvolle Dichter zu seinen Lebzei-ten in ganz Deutschland einer großen Beliebtheit. Ein halbes Jahrhundert lang stellten seine Werke zeitweise sogar »Faust« und die Schillerschen Gedichte in den Schatten. Scheffel war »in«. Doch so groß sein Ruhm war, so unstet verlief sein Le-ben. Erschöpfung und Krankheiten hinderten ihn an weiteren Plänen.

Scheffel studierte von 1843 bis 1847 an den Universitäten München, Heidelberg und Berlin Rechtswissenschaften. Das Studentenleben und die Burschenschaften haben ihn – den wandernden Dichter und Juristen – wohl so geprägt, dass er mit dem geregelten Arbeiten nicht so viel am Hut hatte. Zudem erlaubten ihm die finanziellen Verhältnisse seiner Familie, dass er seinen künstlerischen Neigungen nachging. Nach vielen Wegstationen – zuletzt in München und Donaueschingen – ließ er sich in Karlsruhe nieder. Im Jahre 1864 heiratete Scheffel Caroline Freiin von Malsen, die Tochter des bayerischen Gesandten am badischen Hof. Beide wurden miteinander nicht glücklich, und erst am Sterbebett Scheffels versöhnte sich das Ehepaar.

Der von Carl Benz um 1885 entwickelte Patent-Motorwagen Nummer 1 war der Beginn einer beispiellosen Erfolgsgeschichte.

Der Erfinder des Automobils: Carl Benz

Die Autowelt hat nicht Daimler, nicht Porsche – sondern Carl Benz (1844–1929) aus dem Karlsruher Stadtteil Mühlburg »auf die Räder gesetzt«. Benz wurde am 25. November 1844 in Karlsruhe-Mühlburg geboren. Schon früh verlor er seinen Vater Johann Georg Benz, der übrigens bei der ersten Fahrt

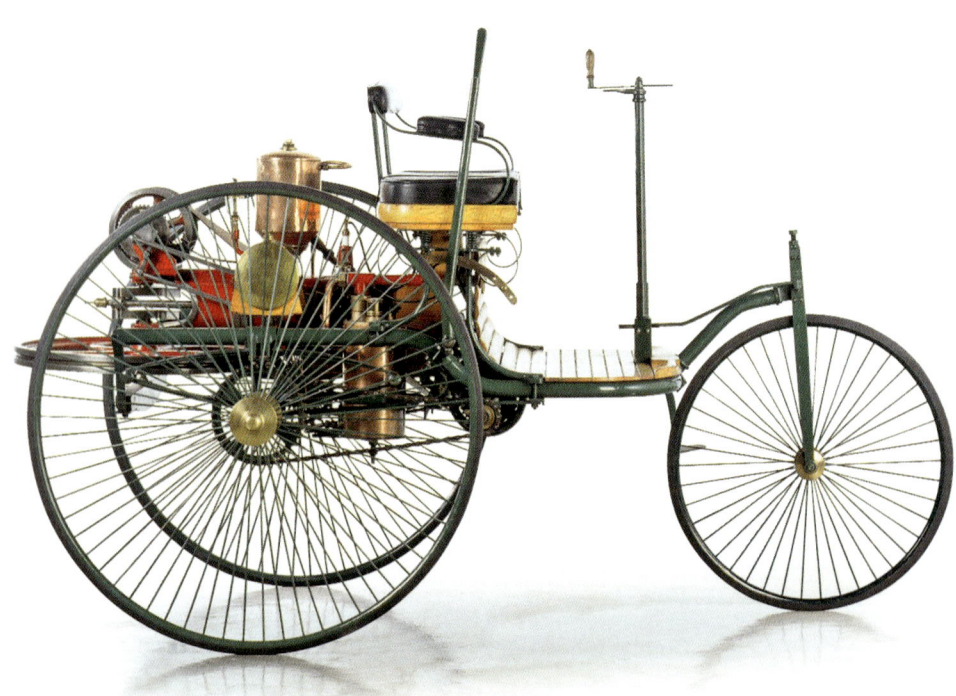

der Eisenbahn von Karlsruhe nach Heidelberg im Jahre 1843 als Führer auf der Lokomotive gestanden hatte. Nach dem Besuch der Volksschule und des Gymnasiums studierte Carl am Karlsruher Polytechnikum (heute: Karlsruher Institut für Technologie). Als frischgebackener Maschinenbauingenieur trat er in die Maschinenbaugesellschaft Karlsruhe ein. Damals musste er zwölf Stunden täglich Schlosserarbeiten an der Drehbank und am Schraubstock durchführen, doch der junge Benz wollte alles von der Pike auf lernen. Während dieser doch harten körperlichen Arbeit kam bei ihm der Gedanke auf, ein Fahrzeug zu bauen, das auf der Landstraße fahren konnte. Als er 1871 nach Mannheim übersiedelte, gründete er dort eine Werkstatt und baute Motoren. Ein solcher Motor sollte die Kraft für sein Straßenfahrzeug liefern. Benz grübelte und probierte, vernachlässigte aber dabei ziemlich stark sein Kerngeschäft. Doch dank der Unterstützung seiner liebevollen Gattin Berta konnte er sein fahrbares Vehikel bauen, das im Jahre 1886 als erstes Auto der Welt knatternd und fauchend durch die Straßen Mannheims fuhr. Der Autoerfinder erhielt anlässlich seines 70. Geburtstages im Jahre 1914 die Ehrendoktorwürde der Technischen Hochschule Karlsruhe. Carl Benz starb 1929 in Ladenburg und wurde dort unter großer Anteilnahme der Bevölkerung beigesetzt.

Pionier der Kommunikationstechnik: Heinrich Hertz

Ohne Heinrich Hertz (1857–1894), den großen Pionier der Kommunikationstechnik, gäbe es kein Radio, Fernsehen, Radar, Satellitenfunk, Handy und iPhone. Seine Versuche und Experimente in Karlsruhe leiteten die Ära der drahtlosen Kommunikation ein. Für die aufstrebende Technische Hochschule Karlsruhe war der junge Forscher ein Glücksfall. Doch auch für den erst 28jährigen war der Posten eines Professors für Physik attraktiv. »Hertz war zufrieden mit den Arbeitsbedingungen, die er vorfand«, sagte der Archivar des Karlsruher

Instituts für Technologie (KIT), Dr. Klaus Nippert, im Jubiläumsjahr 2011 – 125 Jahre, nachdem Hertz am 11. November 1886 erstmals sein bahnbrechendes Experiment zum Nachweis der elektromagnetischen Wellen durchführte.

Mit seiner Frau Elisabeth, die er 1886 heiratete, kam erst das private Glück, mit den – kurz danach begonnenen – Untersuchungen der elektromagnetischen Wellen auch der wissenschaftliche Erfolg. Zwischen 1886 und 1888 veröffentlichte Hertz drei grundlegende Arbeiten über »Strahlen elektrischer Kraft«. Als Hertz 1889 einem Ruf an die Universität Bonn folgte, war ihm nur noch eine kurze, leidensreiche Lebenszeit beschieden. Am 1. Januar 1894 starb der noch nicht 37jährige an einer Blutvergiftung. Ihm zu Ehren wurde die physikalische Einheit der Frequenz (Schwingungen pro Sekunde) nach ihm benannt. Es ist gewiss bezeichnend, dass im Jahre 1896 der russische Funk-Pionier Alexander Stepanowitsch Popow in seinem ersten Radiogramm (mit Morsecode übertragene Funkzeichen) die beiden Worte »Heinrich Hertz« aussandte. Eine Büste auf dem Campus Süd des Karlsruher Instituts für Technologie (KIT) erinnert noch heute an die Stelle, wo Heinrich Hertz in den damaligen Räumen auf dem Karlsruher Universitäts-Gelände seine epochalen Experimente durchführte.

20 000 Kilometer und die »Ein-Mädchen-Expedition«: Romy Schurhammer

Gerade mal 19 Jahre jung und schon alleine in die weite Welt. Heute ist das nichts Ungewöhnliches mehr, doch damals, im Jahr 1956, war es eine bundesweite Sensation, als die Durlacherin Romy Schurhammer zu ihrer »Ein-Mädchen-Expedition« durch Afrika startete: von Karlsruhe nach Kapstadt.

Die Erlebnisse der großen »Safari« beschrieb Romy Schurhammer nicht nur in zahlreichen Berichten in den Badischen

Neuesten Nachrichten (BNN), sondern auch in ihrem ersten Buch »Romy fährt nach Afrika«, das sie ihren Eltern widmete. Es erschien 1958 im Bertelsmann-Verlag und wurde mit einer Auflage von 80 000 Exemplaren ein kleiner Bestseller. Diese erste »Safari« war nur der Auftakt zu ihrem abenteuerlichen Leben als Journalistin und Autorin. Ihre Reportagen erschienen international in großen Magazinen wie Geo, Paris Match und Epoca. Daneben veröffentlichte sie Reisebücher, Bildbände und einen historischen Roman. Heute lebt sie nahe dem Chiemsee in einem idyllischen Dorf, doch das Reisen kann sie nicht lassen. Der interessanteste Auftrag der letzten Jahre führte sie gemeinsam mit ihrem Mann Alexander in einem VW California nach Zentralasien bis an die chinesische Grenze zwischen Kirgistan und Sinkiang.

Umschlag des Buches »Romy fährt nach Afrika«, das 1958 erschienen ist.

»Mister 15 000 Volt«: Deutschlands Stadtbahnpionier Dieter Ludwig

Es war schon ein Glücksfall, dass der 1939 in Dortmund geborene Dieter Ludwig an der Universität Karlsruhe von 1960 bis 1964 Bauingenieurwesen studierte. Sein künftiges Wirken und sein Faible für das Karlsruher Verkehrswesen zeigten sich bereits darin, dass er schon als Student eine Fahrprüfung als Straßenbahnführer ablegte. Nach einer Zwischenstation bei der damaligen Deutschen Bundesbahn wechselte der Diplom-Ingenieur im Jahre 1971 zur Stadt Karlsruhe und wurde

1976 zum Chef der Verkehrsbetriebe Karlsruhe berufen. Was jetzt kam, war eine temporeiche Karriere, die den agilen und dem technischen Fortschritt verbundenen Ingenieur zum Ehrenbürger der Stadt aufsteigen ließ. Er bekam die Beinamen »Nahverkehrspapst« und »Mister 15 000 Volt« und wurde zum Ehrendoktor der Universität Karlsruhe ernannt.

In den 1980er Jahren drohten der Fächerstadt die gleichen Verkehrsprobleme wie anderen Städten: Staus, Lärm und Abgase. Der dynamische Diplom-Ingenieur riss das Ruder herum und steuerte gegen, indem er den motorisierten Individualverkehr aus dem Umland auf den Öffentlichen Personennahverkehr (ÖPNV) verlagerte. Mit einem Nahverkehrsangebot,

Eine Zweisystem-Stadtbahn fährt auf den Gleisen der Murgtalbahn. Der »Erfinder« des Karlsruher Modells war Dieter Ludwig.

bei dem der Bürger mit der Stadtbahn bei moderaten Preisen direkt ins Stadtzentrum fahren konnte.

In einem sagenhaften Tempo wurde gebaut, umstrukturiert, Neubaustrecken angelegt und moderne Stadtbahnwagen angeschafft. Jede neue Strecke wurde zu einem weiteren Erfolg für den ÖPNV. Als Geschäftsführer der Verkehrsbetriebe Karlsruhe (VBK), der Albtal-Verkehrs-Gesellschaft (AVG) und des Karlsruher Verkehrsverbunds (KVV) trat Ludwig nach über 30 Jahren Amtszeit im Jahre 2006 in den Ruhestand. Er konnte zu diesem Zeitpunkt einiges vorweisen: Steigerung der Fahrgastzahlen im Verkehrsverbund von 100 auf 170 Millionen, 46 neue Strecken und die Ausweitung des Karlsruher Stadtbahnnetzes, das zu einem der erfolgreichsten Verkehrssysteme Europas wurde, auf etwa 600 Kilometer. Noch eins drauf setzte der stets »ungeduldige« Nahverkehrschef mit seinem Coup, die Stadtbahn auf die Gleise der Bundesbahn zu setzen – ein Meisterstück. Denn Ludwigs Vision, ein Straßenbahnnetz für die gesamte Region aufzubauen, konnte nur dadurch realisiert werden, dass die Stadtbahn auch auf den Schienengleisen der Bahn fuhr. Die Geschichte dieser innovativen Konzeption begann 1979, als die Karlsruher Stadtbahn erstmals auf Bundesbahngleisen nach Neureut fuhr. Nicht umsonst nannte man Dieter Ludwig den »Mister 15 000 Volt«. Und so funktioniert das »Modell«: In Karlsruhe liegen Hauptbahnhof und Innenstadt je nach Ziel zwei bis drei Kilometer entfernt. Um den Bruch zwischen S-Bahn/Regionalverkehr und dem Straßenbahn- bzw. Stadtbusverkehr aufzuheben, wurden in den 1980er und 1990er Jahren Straßen- und Eisenbahnstrecken miteinander verknüpft. Dabei wurde die neue Stadtbahn mitten durch die Fußgängerbereiche des Zentrums geführt, um umsteigefreie und damit attraktive Stadt-Umlandverbindungen zu schaffen. Die Fahrzeuge, die für beide Systeme (also in der Stadt unter 750 Volt Gleichspannung und auf den Gleisen der Deutschen Bahn AG mit 15 000 Volt Wechselspannung) ausgerüstet sind, fahren von Städten aus dem Umland nach Karlsruhe, wo sie die Innenstadt als Straßenbahn durchqueren, um anschließend wieder als S- oder Regionalbahn das Umland zu bedienen. So können heute die Bürger und Besucher Karlsruhes mit der Stadtbahn nach Germersheim (Pfalz), Achern (Oberrheinstrecke), Pforzheim, Wildbad, Freudenstadt, Baden-Baden und Heilbronn fahren und bequem die regionalen Städte und Naherholungsgebiete mit einer Bahn erreichen. Trefflich ist dazu der Slogan der AVG formuliert:»Nicht der Fahrgast steigt um, die Bahn wechselt ihr System«. Das»Karlsruher Modell« ist so erfolgreich, dass es national wie international in anderen deutschen, aber auch in französischen und österreichischen Städten Furore gemacht hat.

Philosoph und »Denker der Weltoffenheit« des 21. Jahrhunderts: Peter Sloterdijk

Wie der Name schon verrät, hat der 1947 in Karlsruhe geborene Peter Sloterdijk niederländische Wurzeln. Wenn er auch »ohne prägendes väterliches Element« – wie er einmal in einem Interview sagte – aufwachsen musste, so hat er sich später die Welt und das Leben selbst erklärt. Heute ist Peter Sloterdijk Professor für Philosophie und Ästhetik und Rektor der Hochschule für Gestaltung (HfG) in Karlsruhe.

Nach dem Studium der Philosophie, Germanistik und Geschichte von 1968 bis 1975 in München promovierte er in Hamburg mit einer Studie zur Theorie und Geschichte autobiographischer Literatur in der Weimarer Republik.

Ab 1980 arbeitete Sloterdijk als freier Schriftsteller, veröffentlichte zahlreiche Arbeiten zu Fragen der Zeitdiagnostik, Kultur- und Religionsphilosophie, zur Kunsttheorie und Psychologie.

Peter Sloterdijk wurde 1983 mit seiner »Kritik der zynischen Vernunft« bekannt. Seitdem hat er mit Büchern und Essays zu Politik, Wirtschaft und Religion wiederholt Debatten ausgelöst.

Peter Sloterdijk ist einer der profiliertesten Denker und Philosophen Europas. Er ist Rektor der Staatlichen Hochschule für Gestaltung Karlsruhe.

Seit 1992 ist er Professor für Philosophie und Medientheorie an der Hochschule fur Gestaltung Karlsruhe und wurde 2001 Rektor der HfG. Der Philosoph leitete ab 2002 jahrelang mit Rüdiger Safranski die Sendung »Im Glashaus – Das Philosophische Quartett« im ZDF. Auf Neuland begab er sich 2012, als er sein erstes Opern-Libretto für »Babylon«, ein Auftragswerk der Bayerischen Staatsoper, vorlegte.

Sloterdijk wurde mit zahlreichen Preisen ausgezeichnet, unter anderem mit dem Ernst-Robert-Curtius-Preis für Essayistik, dem Friedrich Märker-Preis für Essayistik 2000, dem Sigmund-Freud-Preis für wissenschaftliche Prosa 2005 und dem Ludwig-Börne-Preis 2013.

Roland Mack: Chef des weltweit besten Freizeitparks vergibt KIT-Stipendien

Roland Mack, gebürtiger Freiburger des Jahrgangs 1949, ist Chef des größten deutschen Freizeitparks in Rust. Mit 100 Millionen Besuchern hält der Europa-Park einen einzigartigen Rekord in Deutschland: Kein anderer Park hat in den vergangenen 40 Jahren mehr Gäste angelockt. Zudem wurde der Freizeitpark im Herbst 2014 bei den »Golden Ticket Awards« in San Diego als erster europäischer Freizeitpark zum »besten Freizeitpark weltweit« gewählt.

Der Freizeitparkchef ist Familienmensch und Tausendsassa zugleich. Er eröffnete 1975 mit Vater Franz den Europa-Park als Familien-Betrieb.

Doch zuvor hieß es erstmal büffeln und studieren. Für Roland war der Studienort Karlsruhe ausgemacht, wo er dann von 1969 bis 1974 an der Universität Karlsruhe (TH), dem heutigen KIT, studierte.

Nach seinem Abschluss als Diplom-Ingenieur der Fachrichtung Allgemeiner Maschinenbau war er von 2003 bis 2009 Mitglied des Universitätsrats. Und noch heute besteht zwischen dem KIT und dem Europa-Park eine ganz besondere Verbindung.

Seit Januar 2013 werden besonders talentierte Studierende mit dem »Roland-Mack-Maschinenbau-Stipendium« gefördert.

Im Juli 2013 wurde Roland Mack von der Maschinenbaufakultät des KIT mit der Ehrendoktorwürde ausgezeichnet. Damit würdigte die Fakultät die herausragenden technisch-wissenschaftlichen Beiträge zur industriellen Sicherheitstechnik bei Fahrattraktionen ihres Absolventen, der in der Sicherheitstechnik für Fahrgeschäfte und Achterbahnen weltweite Standards setzte.

Übrigens: Roland Macks Bruder Jürgen studierte ebenfalls an der Universität Karlsruhe, aber in einer anderen Fakultät: nämlich Wirtschaftsingenieurwesen.

Wolfgang Rihm ist einer der weltweit bedeutendsten zeitgenössischen Musiker und Komponisten.

Weltberühmter Tonkünstler und Essayist: Wolfgang Rihm

Die 21. Europäischen Kulturtage Karlsruhe im Jahre 2012 fanden unter dem Motto »Musik baut Europa – Wolfgang Rihm« statt. Im Mittelpunkt stand die zeitgenössische Musik, insbesondere das Werk und künstlerische Umfeld Wolfgang Rihms. Der international renommierte Komponist, ein Sohn der Stadt Karlsruhe, feierte im März 2012 seinen 60. Geburtstag.

Mit seinen Kompositionen stellt er sich in die große europäische Musiktradition, vor deren Hintergrund er ein höchst eigenständiges, vielseitiges und umfangreiches kompositorisches Werk geschaffen hat und schafft. In europäische Dimensionen begibt sich Rihm auch mit seinen literarischen Vorlagen: Nietzsche, Artaud, Müller, Rimbaud, Hölderlin und die Figuren der klassischen Mythologie.

Wolfgang Rihm wurde 1952 in Karlsruhe geboren und wagte sich schon mit elf Jahren an erste Kompositionsversuche. Nach Abitur und Kompositionsstudium in Karlsruhe, Köln, Freiburg und weiteren Kompositions-Stipendien in Berlin, Hamburg und Rom und wurde er im Jahre 1985 Professor für Komposition an der Karlsruher Musikhochschule. Rihm erhielt zahlreiche Auszeichnungen, darunter den Kompositionspreis der Stadt Stuttgart, den Beethoven-Preis der Stadt Bonn, den Rolf-Liebermann-Preis für die Oper »Die Hamletmaschine« (1986) und das Großes Bundesverdienstkreuz.

Der Mann mit dem außergewöhnlichen Talent: Freddy Sahin-Scholl, der Mann mit den zwei Stimmen.

Aus der Vielzahl seiner kompositorischen Werke seien genannt: Jakob Lenz, Ödipus, Die Eroberung von Mexiko und Tutuguri VI für sechs Schlagzeuger. Das letztgenannte Werk, das auf den 21. Kulturtagen in Karlsruhe uraufgeführt wurde, ist nach allen Seiten hin offen, ist ebenso Rock wie Klang-

lawine (»Trommelgewitter«), gespannte Stille zwischen den Ereignissen wie gewissermaßen auskomponierte »Höhere Gewalt«. Rihm hat bis heute über 500 Werke geschaffen.

Der Mann mit den zwei Stimmen: Freddy Sahin-Scholl

Am 18. Dezember 2010 ist er zum RTL-Supertalent gekürt worden: Der Karlsruher Ausnahmesänger Freddy Sahin-Scholl. Dabei ist er nicht wie viele in seiner Branche von den Medien »hochgespült« worden, um sein gesangliches Talent unter Beweis zu stellen. Nein, der Ausnahmekünstler Galileo – so sein Künstlername – hat weltweit die einzigartige »göttliche Gabe« mit Two Voices In One Soul (Zwei Stimmen in einer Seele) die Menschen über alle Generationsgrenzen hinweg zu berühren. Ein phänomenales Stimmwunder mit Gänsehautfeeling pur.

Erst im Alter von 40 Jahren hat er sich seines Talentes besonnen, dass er innerhalb von Sekundenbruchteilen seine Stimmlage wechseln kann und so abwechselnd Bariton und Sopran (bei einem stimmlichen Umfang von 6 $\frac{1}{2}$ Oktaven) gewissermaßen im Duett mit sich selbst singen kann. Der volle Umfang seiner »himmlischen Gabe« wird durch seine Erklärung deutlich, dass er »nie eine Stimmbildung« oder eine gesangliche Ausbildung erhalten und zudem nie »Noten lesen« gelernt habe.

»Fighten« mit Frauenpower: Regina Halmich

Die »Regina-Manie« kannte keine Grenzen. Vom nach ihr benannten »Weltmeisterbrot für starke Typen« bis hin zu Fernsehauftritten wie dem in der ZDF-Sendung »Wetten, dass?« im Jahre 1999, bei der sie mit ihrer Ausdauer im »an der Wand sitzen« alle Wettkandidaten bezwang: Regina Halmich war

Die erfolgreichste deutsche Profiboxerin: Regina Halmich war von 1995 bis 2007 Weltmeisterin des Boxverbands WIBF.

während ihrer aktiven Zeit als Profiboxerin in aller Munde. Doch bei den vielen Terminen vergaß sie nie ihre Heimatstadt Karlsruhe und den Stadtteil Daxlanden, wo sie aufgewachsen ist. Ob beim Daxlander Schlaucherfest, beim Narrenbaumstellen zur Fastnachtszeit oder bei der Arbeit des Malteser Hilfsdienstes (MHD) – Regina Halmich engagiert sich bis heute immer für die Menschen ihrer Heimatstadt.

Freilich konnte die am 22. November 1976 geborene Karlsruherin nicht ahnen, dass sie einmal als erste deutsche Boxweltmeisterin in die Sportgeschichte eingehen würde. Von Anfang an war zwar »das Fighten« ihre Leidenschaft, zunächst stand jedoch nach der Schule die Ausbildung zur Rechtsanwaltsfachangestellten an, zu dem ihre Lehrerin ihr geraten hatte. Nach der Lehrzeit verschrieb sie sich ganz dem Boxsport. In Hamburg trainierte sie hart, ehe ihre ersten Kämpfe ein neues Kapitel im Frauensport aufschlugen. Die Boxlady aus Karlsruhe hat in ihrer Karriere 56 Profi-Kämpfe absolviert und dabei 16 Knockout-Siege errungen.

Und worauf ist ihr Erfolg zurückzuführen? »Trainingsfleiß, Durchhaltevermögen und der starke Wille«, sagte sie einmal bei einem Interview über ihr Erfolgsrezept. Ihr letzter Kampf fand im Jahr 2007 in der Karlsruher dm-Arena statt und wurde von beinahe 9 Millionen Menschen am Fernseher verfolgt.

Eine besondere Ehrung wurde der Karlsruher Profi-Boxerin Regina Halmich im April 2013 zuteil, als sie den Verdienstorden des Landes Baden-Württemberg verliehen bekam. »Mit Ihrer beispiellosen Karriere und Ihren spannenden Kämpfen haben Sie dem Frauenboxen ein Millionenpublikum erschlossen«, schrieb der amtierende Oberbürgermeister Dr. Frank Mentrup in seinem Glückwunsch-Schreiben. In seinem Brief würdigte das Stadtoberhaupt auch das Engagement der Sportlerin für die Unterstützung von Kriminalitätsopfern und ihren Einsatz als Schirmherrin der Aktion »Gewalt gegen Frauen – nicht mit uns«.

Ganz aktuell wohnt die Boxsport-Lady in der Bundeshauptstadt und habe - so die ehrliche Antwort - ein Stück weit auch ihr »Herz in Berlin« geschäftlich wie privat verloren. Gespannt sein dürfen die Fans der Karlsruherin auf ihre künftigen Aktivitäten. Eines ist jetzt schon sicher: »Im Jahre 2015 werde ich meine eigene Box-Kollektion von Adidas vorstellen«, sagt Regina Halmich.

Und noch ein Superlativ: Am 10. Juli 2014 wurde die Karlsruher Boxweltmeisterin in Fort Lauderdale/USA in die International Women's Boxing Hall of Fame aufgenommen. Damit gehört Regina Halmich zu den ersten sieben Boxerinnen, denen diese hohe Ehre weltweit zuteilwurde. Die Hall of Fame für Boxerinnen ist in etwa vergleichbar mit dem Oscar für Schauspieler.

Karlsruhe für Genießer

Hanglage mit Prädikat:
Staatsweingut Karlsruhe-Turmberg

Ein Staatsweingut mit Hanglage und Prädikatsweinen – das gibt es am Turmberg, dem Karlsruher Hausberg. Der besondere Weinberg wird erstmals im Jahre 771 urkundlich erwähnt, als ein gewisser Herolt in Berghausen dem Kloster Lorch einen Weinberg am Hohenberg schenkt. Im Laufe der Geschichte wechselt der Weinberg seine Besitzer, ehe sich Markgraf Wilhelm von Baden 1832 seiner annimmt. Er legt neue Terrassenmauern an, die noch heute bestehen, und bestockt die Rebfläche mit wohlschmeckenden Sorten. Doch nach dem Tod des Markgrafen geht der Weinberg in die Hände eines Wirtes über, der wiederum die Fläche an die Stadt abtritt. Schließlich werden die Weinberge im Jahre 1903 an den Staat verkauft, der dort eine Rebveredelungsanstalt errichtet. Nach den beiden Weltkriegen wird in den zurückliegenden Jahrzehnten im Zuge von Reformen und aus Kostengründen die einzigartige Hanglage immer mehr dezimiert. Die traditionsreiche Stätte war im Begriff, aufgelöst zu werden. Doch zum 1. Januar 1993 übernahm die L-Bank das Weingut und machte es mit einem fachkundigen Team zu einer der wichtigsten Weinbauflächen Badens.

Der einzig wahre Kult-Imbissbudenklassiker: Ballermann 1

Blick auf den Hang des Staatsweinguts Karlsruhe-Durlach am Turmberg.

Der Mythos Ballermann ist ungebrochen: die Strandmeile von El Arenal mit Ballermann-Lokalen (Nummer 1 bis 6), eine Ballermann-Zeitung, Ballermann-TV und der König von Mallorca alias Jürgen Drews: noch bis 2015 will er es dort jeweils montags so richtig krachen lassen. Doch was ist das alles im Vergleich zum ersten und wahren Original? Es befindet sich nämlich nicht auf der liebsten Mittelmeerinsel der Deutschen, sondern in Karlsruhe, zwei Flugstunden von Palma de Mallorca entfernt.

Der Ur-Ballermann in Karlsruhe ist untrennbar mit leckerer Currywurst verbunden. Den Imbissbudenklassiker gibt es schon seit 1969 in Karlsruhe – »Ballermann 1«! Den Namen hatte sich Karl-Heinz Schmiedmeier bei einem Whiskey in geselliger Runde Ende der 1960er Jahre ausgedacht. Inspiriert vom Whiskey und einem lebensgroßen Pappcowboy, der an den glorreichen Westernklassiker »Zorro« erinnerte, fügte sich das Bild rasch zusammen. »Zorro hatte auch einen kleinen Assistenten namens Fuzzy, der eher wild um sich ballerte. Und so kamen wir auf die Idee, dass keine Kugeln aus der Pistole fliegen, sondern Würstchen. Das war dann der Ballermann«, erzählt Frank Schmiedmeier zurückblickend über die Anfänge des Kult-Imbisses. Seit 1974 befindet sich Ballermann 1 – ungeachtet des langen Namensstreits mit dem spanischen Ballermann – nicht mehr in der Zähringerstraße, sondern direkt neben der Universität (Englerstraße). Heute ist Ballermann 1 sowohl Restaurant mit Biergarten und Imbiss für den schnellen Hunger als auch Sportbar und wird als Familienbetrieb geleitet. Laut Internet gibt es hier »die beste Currywurst vor Ort«.

Bleibt noch aufzuklären, wie es zum Export des Karlsruher Markennamens nach Mallorca kam: Mit hoher Wahrscheinlichkeit wurden damals Geschäftsleute auf den Namen »Ballermann« aufmerksam und haben diesen auf der Insel vermarktet.

Einzige Bierburg in der Region: Brauerei Hoepfner

Die Brauerei Hoepfner – einzige »Bierburg« in der Region - ist aus der Karlsruher Oststadt genauso wenig wegzudenken wie die Pyramide vom Marktplatz. Eine über zweihundertjährige Geschichte verbindet die Brauerei mit der Fächerstadt. Kult sind seit über 30 Jahren die Hoepfner-Burgfeste an Pfingsten. Einige bemerkenswerte Fakten hierzu: Über eine Million Besucher seit dem Beginn 1981, ein Besucherstrom, der sich von anfangs 6000 auf heute über 40 000 Gäste aus nah und fern steigerte, und über 300 Auftritte von Musikgruppen.

Noch etwas Burg-Historie: Am 19. Februar 1898 wurde der erste Sud in der neuen Brauerei gebraut und am 25. November 1899 das erste Bier im angeschlossenen »Burghof«

Das Burgfest ist »Kult«! Seit 1983 lockt das besondere Veranstaltungsprogramm jährlich zu Pfingsten tausende Menschen aus Karlsruhe und der Region in die Bierburg.

gezapft. Um 1900 wurde ein Ausstoß von 100 000 Hektoliter angepeilt, und die durstigen Karlsruherinnen und Karlsruher konnten sich 25 Jahre später ein von Hoepfner kreiertes Weizenbier schmecken lassen. Über die wilden Burgjahre nach dem Krieg und während der Zeit des Wiederaufbaus sind auch einige Anekdoten rund um die Bier-Burg verbunden: Rodeln auf dem Burgberg, Kastanien sammeln, Hühner jagen, Äpfel und Birnen stehlen, Versteckspielen im »Wäldle« – die Burg muss ein kleines Paradies für die Oststadtjugend gewesen sein. 1976 trat Dr. Friedrich Georg Hoepfner in den väterlichen Betrieb ein und setzte die Philosophie »Qualität, Kontinuität und Partnerschaft« in der sechsten Generation mit modernen und visionären Mitteln fort. So traf er mit dem ersten

Burgfest im Jahre 1981 voll den Geschmack der Bevölkerung. Später folgte das praktische und umweltverträgliche 12,5-Liter-Fass »Keggy« und 1996 wurde die Brauerei – erstmals in Deutschland – sogar multimedial als »Internet-Stammtisch« präsentiert. Doch hier endet die Erfolgsgeschichte keineswegs. Hoepfner ist inzwischen zu einem wichtigen Sponsor des regionalen Sports und der Kultur geworden. Und badisches Bier-Know-how wird über den großen Teich in die USA exportiert. Die Idee des CyberForums, das jungen Unternehmen eine Startchance ermöglichen will, geht auch auf den Brauerei-Chef zurück.

Und dann gibt es da noch den großen Biergarten unterhalb der Burg. Er hat eine wechselvolle Geschichte. Schon nach der Jahrhundertwende war er beliebter Treffpunkt der Besucher, die sich unter alten Lindenbäumen zum Feierabendbier trafen. Das blieb auch so bis zum Jahre 1944. Der beliebte Hoepfner-Biergarten wurde geschlossen, nach dem Krieg zwischenzeitlich zum Parkplatz umfunktioniert, um dann 1983 wieder wie »Phönix aus der Asche« neu zu entstehen.

Einziges Lokal in Baden-Württemberg mit einem Stück österreichischer Kultur: Kofflers Heuriger

Der Karlsruher Christkindlesmarkt ohne Kofflers Skihütte – undenkbar. Die Verbrauchsmesse offerta ohne Kofflers Spezialitäten – ebenfalls undenkbar. Doch der Original-Stammplatz »Kofflers Heuriger« – 1966 gegründet – befindet sich im Stadtteil Rüppurr und ist das einzige Lokal in ganz Baden-Württemberg, das das original österreichische Heurigen-Gastronomie-Erlebnis pflegt. Alles ist untrennbar mit Michael Koffler verbunden, dem gebürtigen Gernsbacher. Die Ursprünge der Erfolgsgeschichte reichen bis ins Jahr 1793 zurück, viele Generationen, die sich der Gastronomie verschrieben haben, hatten ihren Anteil daran. Michael Koff-

Kofflers Hüttenzauber auf dem Kalsruher Christkindlesmarkt.

ler bildete da keine Ausnahme, obgleich er anderes vorhatte. »Zunächst wollte ich nicht in die Fußstapfen meiner Eltern treten, um im Gastronomieleben wenig Zeit für andere Dinge zu haben. Deshalb entschloss ich mich, eine Ausbildung als Bautechniker zu absolvieren.« Dann kam die Baukrise Mitte der 1970er Jahre und ließ ihn in das Gastronomiegewerbe wechseln. Nach verschiedenen Stationen in Hotelfachschulen und Praktika im Salzburger und Münchner Raum übernahm er mit 24 Jahren den elterlichen Betrieb. Wurde er seinem ursprünglichen Vorsatz untreu? Der quirlige Heurigen-Chef winkt ab und gibt zu verstehen, dass das Privatleben mit Ehefrau Petra und den Kindern Fabian und Sophia so gut wie möglich vom Betrieb getrennt wird. Fasziniert von Urlaubseindrücken bei den Verwandten im Salzburger Land, war es für ihn naheliegend, diese Lebensart schließlich nach Karlsruhe zu übertragen. »Man muss überzeugt mit der alpenländischen Geschichte fühlen und leben«, so sein Erfolgsrezept für Schmankerl und Co.

Unter seiner Regie belegte Kofflers Skihütte sieben Mal den ersten Platz für die schönste Verkaufshütte auf dem Christkindlesmarkt. Und da legt der Heurigen-Chef selbst Hand an, wenn neue Dekorationen die Gäste erfreuen sollen. Spätestens jetzt blitzt beim Perfektionisten Koffler sein einstiger Berufswunsch durch. »Die Dekorationen müssen ursprünglich wirken – schließlich isst das Auge auch mit.«

Eine besondere Wertschätzung erfuhr der Karlsruher Heurigen-Wirt im Dezember 2012, als ihm der Botschafter der Republik Österreich, Seine Exzellenz Dr. Ralph Scheide, anlässlich seines 30-jährigen Betriebsjubiläums einen Besuch abstattete. Und was speiste Seine Exzellenz? Klar doch: Heurigenjause und Kaiserschmarren.

Erster deutscher Langoswagen der Familie Länge

Familie Länge in Durlach hatte nach einem Ungarnaufenthalt im Jahr 1977 die Idee, die Hefeteigspezialität »Lángos« oder »Langosch« hierzulande salonfähig zu machen. Begonnen hat die Erfolgsstory im Jahre 1978 auf dem Durlacher Straßenfest. Die Menschenansammlungen vor dem Langosstand sprachen für sich. Bernd Länge machte sich selbstständig und reiste ab 1984 als erster mit dem Langos-Messewagen in der damaligen Bundesrepublik umher. Doch das bis dahin eher unbekannte Produkt wurde je nach Bundesland unterschiedlich angenommen.

Auf der nordbadischen Achse zwischen Rastatt, Karlsruhe und Mannheim hatten die Langos-Spezialisten den erhofften Erfolg. Gernot Länge und Uwe Länge, die beiden Söhne des Seniorchefs, haben nach dem Tod ihres Vaters und Firmengründers im Jahre 2004 den Langosverkauf übernommen und die Geschäftsidee nach eigenen Vorstellungen erweitert. Auch die Langos-Nachwuchsbäcker Jens, Jan und Joy packen schon kräftig mit an, um den Familienbetrieb im Sinne ihres Opas weiterzuführen.

Heute gibt es kaum noch ein Fest im Umkreis der Fächerstadt, auf dem nicht an einem geschmackvoll in ungarischen Farben verzierten Wagen die – wahlweise gezuckerten oder mit Knoblauchsauce garnierten – Langos genossen werden können.

Karlsruher Erfolgsgeschichten

Erfolge mit dem Ball: Der Karlsruher Sportclub (KSC)

Als das »Wunder vom Wildpark« wurde der sensationelle
7:0-Sieg des Karlsruher Sportclubs (KSC) im Uefa-Cup-Spiel
gegen Valencia am 2. November 1993 gefeiert. Europaweit
sorgte dies nicht nur bei den Fußballfans für Gesprächsstoff.
Mit diesem Sieg ging der Fußballclub in die europäische
Fußballgeschichte ein. Die Badischen Neuesten Nachrichten
(BNN) titelten: »KSC lässt ganz Baden auf blau-weißer Wolke
schweben«. Und der damalige Ministerpräsident Erwin Teu-
fel gratulierte der Schäfer-Truppe per Telegramm. Apropos
Schäfer: Der Trainer Winfried Schäfer erhielt noch während
des Spiels – eine Schaltung machte dies auf der Anzeigetafel
im Wildparkstadion auch sichtbar – den Spitznamen »Winni-
Wahnsinn«. Den vierfachen Torschützen Edgar Schmitt, der
von der Presse in der Woche zuvor nach einem Autounfall
mit vierfachem Überschlag »Looping-Schmitt« getauft worden war, feierte man fortan als »Euro-Eddy«. Der damalige
KSC-Präsident Roland Schmider wird in den BNN so zitiert:
»Ich muss erst eine Nacht darüber schlafen, ehe ich es wohl

richtig begreifen werde. Mit Worten ist dieser Erfolg nicht zu beschreiben.« Und der Weltklassetorhüter Oliver Kahn schwärmte: »Einfach sensationell! So etwas habe ich noch nie erlebt und werde es wohl nicht mehr so schnell erleben. Unser Trainer hat uns zwei Wochen lang eingetrichtert, dass spanische Teams auswärts nur die Hälfte wert sind. Er hatte recht.« Eine Neuauflage des legendären Spiels gab es am 14. Juli 2013. Auch da gewann der Fußball-Zweitligist, allerdings nur mit einem Achtungserfolg von 2:1. Als die Deutsche Welle anlässlich der Wiederholung den Trainer Winfried Schäfer zum »Wunder vom Wildpark« befragte, meinte dieser: »Es war ein Gigantenspiel. Mit soviel Power, Motivation und dieses Publikum, es war einfach sensationell.«

Doch so groß die Euphorie auch war, bis heute konnte die Mannschaft nie mehr an solche Erfolge anknüpfen. Denn die folgenden Jahre und Jahrzehnte wurden von einem Auf und Ab geprägt: Bundesliga, dann zweite Liga, dritte Liga und dann endlich wieder der Aufstieg in die Zweite Bundesliga. Hinzu kamen die jahrelangen Diskussionen um den Neubau eines zukunftsfähigen Fußballstadions oder den Ausbau bzw. Umbau des vorhandenen Wildparkstadions – eine nahezu »unendliche Geschichte« – von 1997 bis heute.

Größter Druckluftlieferant bundesweit:
Die Firma Ehlgötz

Druckluft – komprimierte Luft – wird in allen Bereichen der Wirtschaft, der Industrie, ja sogar in der Freizeit benötigt. Man denke nur an die Sporttaucher, die ohne komprimierten Sauerstoff nicht in die Tiefe von Seen und Meeren tauchen könnten. Druckluftflaschen sind auch in Atemschutzgeräten nicht mehr wegzudenken. Oder in Salzbergwerken. Ein Abraum wäre ohne Druckluft unvorstellbar. Auch auf Baustellen werden Kompressoren benötigt, um beispielsweise zerschlissene Fahrbahnen abzutragen.

Das Haus Ehlgötz ist seit Jahrzehnten autorisierter Fachhändler des größten Kompressorenherstellers der Bundesrepublik, der Firma Kaeser Kompressoren AG. Als größter Drucklufthändler Deutschlands hat die traditionsreiche Firma für die unterschiedlichsten Anwendungen alles parat, wenn es um Druckluft geht: von Dental- bis zu großen Schraubenkompressoren. Und das bei unterschiedlichen Druckstärken von zwei bis 500 bar.

Die Firma wurde 1918 von Julius Ehlgötz gegründet und wird heute in der vierten Generation von Thorsten Ehlgötz und Manfred Hummel geleitet. Zunächst auf das Herstellen von Motorenkomponenten spezialisiert, wurde nach stetigem Wachstum auch nach dem Zweiten Weltkrieg diese Produktlinie erfolgreich weitergeführt und ausgebaut. Doch mit den »Wirtschaftswunderjahren« der 1950er und 1960er Jahre wurden neue Weichen gestellt. Denn Druckluft spielte in der Industrie und im Handel eine immer größere Rolle. Im Jahre 1965 verlegte die Firma ihren Sitz an den heutigen Stammplatz nach Karlsruhe-Hagsfeld. Zum Kundenstamm zählen unter anderem Kosmetik-Multi L'Oréal, der Antriebsspezialist SEW Eurodrive, die Badischen Stahlwerke Kehl oder Chopard Karl Scheufele, die Birkenfelder Schmuckfirma von Weltrang. Neuland betrat die Firma Ehlgötz im Jahre 2006, als sie zusammen mit weiteren Fachleuten eine Pilotanlage bei der Mineralölraffinerie Oberrhein (MiRO) baute. Dazu wurde für die größte deutsche Raffinerie eine Atemluftstation entwickelt, die die Mitarbeiter auch »White Box« nennen. In diesem weißen Überseecontainer steckt pure Hightech für ein wertvolles Gut, nämlich »die am besten überwachte und reinste Druckluft von Karlsruhe«, so Thorsten Ehlgötz. Zum Hintergrund: Die MiRO wollte den Arbeitsschutz beim Einsatz von Atemluft »auf ein noch höheres Niveau heben«. Die Ehlgötz-Technik sorgt nun dafür, dass etwa bei Revisionsarbeiten Mitarbeiter in der Raffinerie mit Vollschutzanzügen beste Atemluft bekommen – auch bei Störungen wie Stromausfällen. Vom Erfolg dieser Pilotanlage beflügelt, ist die Firma Ehlgötz in dieses innovative Segment des Marktgeschäftes eingestiegen und betreut heute mehrere Anlagen dieser Art in der Republik.

Größte Mineralölraffinerie Deutschlands: MiRO

Dort, wo sich noch bis 1960 in der Rheinniederung bei Knielingen fruchtbare Äcker, saftige Wiesen und schöne Auwälder ausbreiteten, forderte die stetig wachsende Volkswirtschaft ihren Tribut. Der Gründung des Raffineriestandortes Karlsruhe lag ein dramatischer Strukturwandel auf dem deutschen Energiesektor zugrunde. In den 1950er und 1960er Jahren wurde die bis dahin dominierende Kohle mehr und mehr durch Mineralöl ersetzt. Dies machte den Bau von Raffinerien in den Verbrauchszentren ökonomisch sinnvoll – so auch in Karlsruhe. 1959 erwarben die Deutsche Erdöl AG (DEA) und die ESSO AG von der Stadt Karlsruhe zwei benachbarte Grundstücke am Rhein. Die Geburtsstunde der »Ölstadt Karlsruhe« hatte geschlagen.

Bei ihrer Inbetriebnahme 1962/63 hatten beide Raffinerien 840 Mitarbeiter und etwa ein Drittel der heutigen Rohöldestillationskapazität. Da der »Hunger« nach Mineralöl stetig wuchs, musste die Leistung beider Raffinerien bereits nach

wenigen Jahren verdoppelt werden. Die in den 1980er und 1990er Jahren entstandenen Raffinerieüberkapazitäten in Europa verschärften bei gleichzeitig stagnierendem Mineralölabsatz den Wettbewerb. Hinzu kamen Kostennachteile deutscher Rohölunternehmen im europäischen Vergleich. Auch die Betreiber der beiden Karlsruher Raffinerien waren zum Handeln gezwungen. Die Unterzeichnung des Gründungsvertrages für die Mineralölraffinerie Oberrhein (MiRO) im Oktober 1996 war das Ergebnis gemeinsamer strategischer Überlegungen. Die räumliche Nähe zueinander vereinfachte die technische Zusammenlegung. Die Hoffnungen, die mit der Fusion verbunden waren, erfüllten sich voll und ganz. Die Verarbeitungskosten konnten gesenkt und die Verarbeitungsstruktur deutlich verbessert werden. Heute ist MiRO der größte Kraftstoffproduzent Deutschlands und eine der modernsten und leistungsfähigsten Raffinerien in Europa. Jeder vierte Liter Benzin, der in Deutschland verbraucht wird, stammt aus Karlsruhe. Nach Firmenangaben betrug die Rohölverarbeitungsmenge 13,8 Millionen Tonnen (2012). Daraus produzierte MiRO unter anderem rund 4,8 Millionen Tonnen Ottokraftstoffe, 4,2 Millionen Tonnen Dieselkraftstoff und 2,4 Millionen Tonnen leichtes Heizöl. MiRO beschäftigt rund 1000 Mitarbeiter.

In der Raffinerie MiRO wird aus Erdöl auch Petrolkoks hergestellt, das in Schüttgutsilos gelagert wird.

Europas größte Bildungsmesse: Learntec

In einem Punkt herrscht bei Trendforschern und Unternehmensberatern Einigkeit: »Intelligentes« Wissensmanagement wird künftig für jedes Unternehmen zu einem entscheidenden Wettbewerbsvorteil. Um den Weg dahin zu ebnen, wurde in Karlsruhe die europaweit größte Bildungsmesse, die Learntec, etabliert. Die Pioniere und die unermüdlichen »Motoren« waren die beiden Karlsruher Professoren Winfried Sommer und Uwe Beck.

Von bildungspolitischen Reformdiskussionen der 1960er und 1970er Jahre nachhaltig beeinflusst, wurde Winfried Sommer nach mehreren Lehrtätigkeitsstationen 1984 an die PH Karlsruhe berufen und lehrte dort bis zu seiner Pensionierung Soziologie und Politikwissenschaft mit dem Schwerpunkt »Bildungsforschung«. Viele Jahre empfand sich der Karlsruher PH-Professor als »einsamer Rufer in der Wüs-

Großer Andrang herrschte bei der Eröffnung der Learntec 2014.

te« – was das Lernen mit modernen Medien anging. Dies änderte sich erst Anfang der 1990er Jahre, als er mit Uwe Beck, Professor für Medienpädagogik und Informationstechnik, zusammentraf. »Diese Begegnung war so etwas wie ein Schlüssel des Erfolgs für unsere spätere Arbeit: Wir hatten die gleiche Denke und jeder konnte seine Sach-Kompetenz einbringen.« Verbürgt ist ein Bonmot, das die Idee zur Gründung der »Learntec« lieferte: »Lass uns doch mal einen kleinen Kongress machen!«, soll Beck zu Sommer gesagt haben. Heraus kam eine erste Veranstaltung mit dem Landesgewerbeamt Karlsruhe unter dem Titel: »Die Anwendung moderner Medien- und Bildungstechnologie in der beruflichen und pädagogischen Praxis.« 48 deutsche Aussteller – allein sechs aus dem Raum Karlsruhe – bildeten damals die Basis der Messe, die von 250 Personen besucht wurde. Die Richtung war vorgegeben. Die Initiatoren Sommer und Beck baten den Geschäftsführer des Karlsruher Kongress- und Ausstellungszentrums (KKA) Gerhard Hurst, sich die kleine Veranstaltung anzusehen. Hursts legendäres Fazit: »Aus der Sache kann man was machen«. Zu »dritt in einem Boot« fand ein Jahr später vom 10. bis 12. November 1992 die erste gemeinsame Veranstaltung im Kongresszentrum statt – die Learntec war geboren.

Aus zaghaften Anfängen heraus entwickelte sie sich zur europäischen Leitmesse. Durch das »Global Forum on Learning Technology« der UNESCO – Organisation der Vereinten Nationen für Erziehung, Bildung und Wissenschaft – wurde die Learntec mehrfach zu einer Plattform des weltweiten Lernens ernannt.

Mit »grünem« Helikopter senkrecht in die Luft: e-volo

Hubschrauber oder Helikopter werden weltweit für die unterschiedlichsten Einsätze verwendet. Doch einer überragt alle bisherigen Entwicklungen. Es ist der Volocopter von e-volo – der erste »grüne« Hubschrauber der Welt. Entwickelt, gebaut und flugfähig gemacht wurde er in der Karlsruher Erfinderschmiede von Alexander Zosel, Stephan Wolf, Thomas Senkel und ihrem Team. Wie gut das Konzept und die entsprechenden Einsatzmöglichkeiten sind, betonte kein Geringerer als Erik Lindbergh. Der Enkel von Charles und Anne Morrow Lindbergh würdigte die Innovation in der umweltschonenden Luftfahrt von e-volo bei der Vergabe des Lindbergh-Preises von 2012 so: »Wir glauben, dass die Entwicklung des Volocopters bedeutende Aussichten verspricht, den Nahverkehr radikal zu verändern.«

Der Volocopter von e-volo ist ein völlig neuartiges, senkrecht startendes, Personen tragendes Fluggerät, das dadurch keiner der bisher bekannten Kategorien zuzuordnen ist. Im Gegensatz zu herkömmlichen Luftfahrzeugen wurde der Volocopter von Anfang an als Fluggerät mit Elektroantrieb konzipiert und ist somit emissionsfrei.

Mit seinen 18 Rotoren (Propellern) kann das Fluggerät senkrecht starten und landen wie ein Hubschrauber. Ein wesentlicher Vorteil ist, dass keine Antriebe eingesetzt werden. Selbst bei einem Ausfall von mehreren Motoren kann der Volocopter noch sicher landen.

Mit Hilfe von zwei Millionen Euro Fördermitteln durch das Bundeswirtschaftsministerium hat e-volo mit einem Konsortium aus Forschung und Industrie den VC200, den ersten zwei Personen tragenden Volocopter der Welt gebaut. Das kinderleicht zu bedienende »Lufttaxi« VC200 kann sich mit 100 Kilometern/Stunde bei einem Startgewicht von 450 Kilogramm auf einer Flughöhe von knapp 2000 Metern länger als eine Stunde aufhalten.

Die guten Flugtauglichkeiten des »Lufttaxis« stellten die Entwickler schon mehrfach unter Beweis: Am 30. August 2013 feierte das Team von e-volo in Berlin die Weltpremiere des Volocopter VC200. Pünktlich zur Galaveranstaltung des »GreenTec Awards«, Europas größtem Umwelt- und Wirt-

schaftspreis, wurde der erste Prototyp des VC200 fertig gestellt. Beim Award konnte sich »Goliath« Airbus knapp vor »David« e-volo aus Karlsruhe platzieren.

Mit dem Prototyp des Zweisitzers VC200 wurden am 17. November 2013 der Jungfernflug sowie erste Testflüge in der dm-Arena in Karlsruhe erfolgreich durchgeführt. Auf seiner Grundlage wird in den kommenden Jahren die Serienproduktion vorbereitet. »Schon heute gibt es für den Volocopter zahlreiche Anfragen aus aller Welt«, so e-volo-Geschäftsführer Alexander Zosel.

Export in alle Welt: Nähmaschinen von Haid & Neu

Karlsruhe war früher eines der bedeutendsten Zentren der Nähmaschinenproduktion. Die Firmengründer Georg Haid und Karl Neu waren die ersten in Baden-Württemberg, die 1860 eine feinmechanische Werkstätte gründeten und schon zwei Jahre später die ersten Nähmaschinen fertigten (die Firma Singer war amerikanisch und die ebenso bekannte Firma Pfaff rheinland-pfälzisch).

Ein paar Firmendaten: Produzierten 1865 noch 24 Arbeiter rund 400 Nähmaschinen, konnten sieben Jahre später bereits über 8600 Exemplare abgesetzt werden. 1890 bezog die Firma ihre neuen Produktionsstätten im Osten der Stadt. 1907 wurden 1 Million Nähmaschinen produziert und 1913 verließen täglich 600 Exemplare das Werk. 1958 übernahm Singer die Firma Haid & Neu. Im Jahre 1982 wurde die Produktion endgültig eingestellt. Heute befindet sich auf dem ehemaligen Firmengelände an der Haid-und-Neu-Straße die Technologiefabrik Karlsruhe. Neben Haid & Neu produzierten die 1870 gegründete Nähmaschinen- und spätere Herdfabrik Junker & Ruh sowie seit 1872 die Firma Gritzner in Durlach hunderttausende Nähmaschinen für den Export in alle Welt.

Eine Nähmaschine der Karlsruher Firma Haid & Neu befindet in der Abteilung zur Industriegeschichte im Stadtmuseum. Sie konnte mit Hilfe der Stiftung Hirsch erworben werden. Eine Maschine von Junker & Ruh wird ebenfalls im Stadtmuseum präsentiert.

Ganzheitliches unternehmerisches und soziales Denken: dm-drogerie markt

Er ist Ehrenbürger des Karlsruher Instituts für Technologie (KIT), wurde 2012 in die »Hall of Fame« aufgenommen und ein Jahr später wurde seine Firma als beste Unternehmermarke ausgezeichnet: Professor Götz W. Werner, Chef der Drogerie-Kette »dm«. Sie ist eine Karlsruher Erfolgsgeschichte, 14 Ladengeschäfte gibt es in der Fächerstadt, über 1450 dm-Märkte in Deutschland und weltweit über 1600. Kein Geringerer als der Philosoph Professor Peter Sloterdijk lobte den Firmengründer, weil er mit seinem Lebenswerk »ein Zeugnis der Zuwendung zum Menschen« gegeben habe. Er habe mit seinem Unternehmen »ein Imperium der Nützlichkeit«

geschaffen, und gehe in punkto Unternehmensphilosophie mit Mitarbeitern, Kunden und Zulieferern besonders pfleglich um. Sloterdijk rühmte zudem Werners Einsatz für neues Denken und gesellschaftliche Reformen, etwa mit seiner Idee eines Grundeinkommens für alle Bürger.

Götz Wolfgang Werner wurde 1944 in Heidelberg geboren und absolvierte nach der Mittleren Reife und Handelsschule eine Drogistenlehre. Daneben wurde er in seiner Freizeit zu einem begeisterten Ruderer und errang 1963 den Deutschen Jugendmeistertitel im Doppelzweier. Auf den weiteren Stationen seines beruflichen Werdeganges war er in verschiedenen Handelsunternehmen tätig, ehe er 1968 in das elterliche Drogeriegeschäft in Heidelberg einstieg. Ein Jahr später wechselte er zur Karlsruher Großdrogerie Idro der Firma Carl Roth. Nach der Reorganisation des Vertriebs schlug er der Geschäftsführung die Einführung des Discounter-Prinzips vor, inklusive einer kompetenten Kunden-Fachberatung. Doch seine zukunftsweisenden Ideen wurden abgelehnt. Daraufhin verließ Werner seinen Arbeitgeber und machte sich selbstständig. Schließlich gründete er 1973 seinen ersten Drogerie-Markt in Karlsruhe und stieg in den folgenden Jahrzehnten zum »Drogerie-König« auf.

Ausgangspunkt internationalen Erfolgs: die dm-Zentrale in Karlsruhe.

Präsident der Internationalen Akademie: Weltbürger Michail Gorbatschow

Der Weltbürger Michail Gorbatschow (1931 bis heute) hat den friedlichen Umbau in Europa mit Perestroika und Glasnost wie kein anderer vor ihm vorangetrieben. Um seine Verdienste wurde der Ex-Kreml-Chef vor allem im Westen gewürdigt. Ein Glückwunschschreiben anlässlich seines 80. Geburtstages ging auch von der Karlsruher Universität (KIT) an Gorbatschow in Moskau. Das kommt nicht von ungefähr. Denn der Ex-Kreml-Chef ist Präsident der »Internationalen Akademie für nachhaltige Entwicklungen und Technologien« mit Sitz in Karlsruhe. Zentrales Anliegen der von der Universität Karlsruhe und der Gorbatschow-Stiftung Moskau gegründeten Akademie ist bis heute die Förderung des ökologischen Bewusstseins in Russland und anderen osteuropäischen Ländern.

Einst die längste Landmeile Deutschlands – heute: Badische Meile

Die Badische Meile wurde von Markgraf Carl Friedrich »erfunden«. Bis 1819 bestimmte nämlich der »Königliche Fuß« des Markgrafen, wie das Volk in Baden Entfernungen zu berechnen hatte. Acht Kilometer, 888 Meter und 89 Zentimeter legte Markgraf Carl Friedrich anno dazumal mit seinem Gefolge in zwei Wegstunden durch den Hardtwald zurück und definierte somit das historische Längenmaß »Badische Meile« als die längste Landmeile Deutschlands. Mit Einführung des Metersystems ging die Umrechnung des alten Maßes nicht ganz auf, so dass die »krumme Zahl« von 8,88889 Kilometer als Badische Meile festgelegt wurde.

Die Idee zum Laufwettbewerb »Badische Meile« (seit 1990) hatte der ehemalige Verwaltungsdirektor Otto Velten im Jahre 1977. Seit 2014 gibt es überdies die »Badische Bergdorfmeile«, die das ganz besondere Flair der dörflichen Strukturen von Hohenwettersbach und Stupferich bietet.

Fritz Haber und seine Ammoniaksynthese für »Brot aus Luft«

Ein brennendes Problem beschäftigte die Wissenschaftler um 1900 weltweit: Könnte die Landwirtschaft die gesamte Weltbevölkerung ernähren? Bis zu diesem Zeitpunkt war das Düngen von Feldern für ertragreichere Ernten nur mit in Salpeter natürlich gebundenem Ammoniak möglich – allerdings nicht unbegrenzt. Um die drohende weltweite Hungerkatastrophe abzuwenden, lagen die Schwerpunkte auf den Forschungen zur Ammoniaksynthese, die der Karlsruher Chemiker und Wissenschaftsorganisator Fritz Haber (1868–1934) in seinem Labor an der damaligen Universität Karlsruhe durchführte, indem er den Luftstickstoff band und so synthetischen Ammoniak herstellte. Entscheidend waren dabei der richtige Druck und die richtige Temperatur. Insofern hatten sei-

Fritz Habers Apparatur zur Herstellung von Ammoniak.

ne Labormitarbeiter, der Chemiker Robert le Rossignol (von der Kanalinsel Jersey) und der Institutsmechaniker Friedrich Kirchenbauer (aus Singen), maßgeblichen Anteil an seinem Erfolg. Denn sie halfen bei der Entwicklung der Apparaturen und Teilstücke, ohne deren Konstruktion niemals Ammoniak in das Reagenzglas getröpfelt wäre. Damals wurde Habers erfolgreiche Entdeckung als »Brot aus Luft« bezeichnet, was angesichts der Ernährungsprobleme nicht so ganz falsch war.

Haber hatte also im Labor die Synthese des Ammoniaks aus den Elementen Stickstoff und Wasserstoff erfolgreich durchgeführt, doch die Frage war immer noch: ließ sich dies auch im großindustriellen Bereich verwirklichen? Der geniale Karlsruher Chemiker gab nicht auf, ließ sich 1908 ein Verfahren patentieren und suchte einen Kooperationspartner in der nahegelegenen BASF (Badische Anilin- und Sodafabrik) in Ludwigshafen. Gemeinsam mit dem dortigen Verfahrensingenieur Carl Bosch entwickelte er das bis heute angewandte Haber-Bosch-Verfahren zur industriellen Herstellung von Ammoniak.

Der gebürtige Breslauer Haber studierte Chemie in Heidelberg und Berlin und promovierte im Jahre 1891. Drei Jahre später erhielt Haber eine Assistentenstelle bei Hans Bunte an der Technischen Hochschule in Karlsruhe. Im Jahre 1896 habilitierte er sich und wurde schon zwei Jahre später zum außerordentlichen Professor für Technische Chemie ernannt. 1912 ging er als Direktor des Kaiser-Wilhelm-Instituts für Physikalische Chemie und Elektrochemie nach Berlin.

Den Nobelpreis für Chemie erhielt er 1918 für seine Forschungen zur Synthese von Ammoniak aus seinen Elementen. In der Laudatio heißt es: »In Anerkennung Ihrer großen Verdienste bei der direkten Verbindung des Stickstoffs aus der Atmosphäre mit Wasserstoff. Sie waren der Erste, der eine industrielle Lösung lieferte.«

Der deutsch-jüdische Chemiker Fritz Haber geriet im wahrsten Sinne »zwischen die Fronten«, als er im Ersten Weltkrieg für die Reichswehr die »Spezialtruppe für Gaskampf«

leitete und so zum »Vater der Giftgaswaffen« wurde. Im April 1915 wurde bei Ypern in Flandern/Belgien der erste Gasangriff der Geschichte durch die deutschen Militärs durchgeführt. Habers Frau Clara, die sich als Pazifistin gegen sein Kriegsengagement wandte, erschoss sich wenige Tage nach dem Giftgaseinsatz mit seiner Dienstwaffe.

Die Spanplatte – eine Karlsruher Erfindung

Ohne Max Himmelheber (1904–2000) sähe die Wohnwelt heute anders aus. Denn der gebürtige Karlsruher erfand im Jahre 1932 die Spanplatte, die in heutigen Möbeln einen Anteil von über 80 Prozent hat. Im Jahre 1932 ließ er das Produkt patentieren und sorgte für die weltweite Verbreitung.

Moderne Küchen enthalten einen Spanplattenanteil von über 80 Prozent.

Die Spanplatte wurde zum Renner für Häuslebauer, Großunternehmen und Handwerksbetriebe, in denen beispielsweise Büros kostengünstig umfunktioniert werden. Beschichtet oder unbeschichtet ist sie vielfältig einsetzbar, um beispielsweise im Innenausbau Wände und Decken zu verkleiden. Mit den leicht zu verarbeitenden Platten kann der Heimwerker Regale, Einlegeböden, Einbauschränke oder Kleintiergehege bauen. Heute werden Spanplatten überwiegend aus Holzresten und Recyclingholz – etwa aus Ästen und Verschnitt beim Zusägen – hergestellt. Aus diesem Grund ist dieses Material weitaus günstiger als Massivholz.

Der technikbegeisterte Schreinersohn Max Himmelheber aus Karlsruhe lernte als Kind beim Spielen in der kleinen Möbelfabrik seines Vaters, dass von einem Baum gerade mal 40 Prozent im fertigen Möbelstück verbaut werden, der Rest aber als Abfall zurückbleibt. Das brachte ihn auf die Idee, eine Technik zu entwickeln, um aus diesen Abfällen wiederum einen verwertbaren Werkstoff zu machen. Himmelheber und sein Schweizer Freund aus der Jugendbewegung Alfred Schmid entwickelten aus Holzabfällen ein Kunstholz, das sie »Homogenholz« nannten. Letztlich also ein industriell verwertbares Abfallholz, das stabil, billig und haltbar war und tausendfach verwendet werden konnte, eben – die Spanplatte.

Der Ausbruch des Zweiten Weltkrieges verhinderte die Gründung einer eigenen Fabrik, so dass Himmelheber nach dem Wiederaufbau die Produktion mit einem Konstruktionsbüro samt Versuchsanlage in Baiersbronn im Murgtal startete.

Der Erfolg ließ nicht lange auf sich warten. Himmelheber und sein Team erwarben über 70 Patente zu Verfahren und für Maschinen zur Herstellung von Spanplatten. Dazu kamen in der Folge nahezu 100 Lizenzwerke, die in aller Welt Spanplatten herstellen. Heute gibt es eine nach dem Erfinder benannte Straße in Baiersbronn und eine Stiftung, die seinen Namen trägt.

Init – weltweit führender Anbieter für Verkehrstelematik

Vom Forschungsprojekt an der Universität Karlsruhe an den arabischen Golf nach Dubai – ein langer und erfolgreicher Weg liegt hinter Init und ihrem Gründer Dr. Gottfried Greschner. Dass seine Vision von der Verkehrstelematik Zukunft haben würde, da war sich Greschner bereits 1983 sehr sicher, als er die Init AG als klassischen Universitäts-Spin-Off – also als Ausgründung – gründete. Und der Erfolg gab ihm Recht: Heute sind Telematik- und Zahlungssysteme aus Karlsruhe auf der ganzen Welt gefragter denn je und werden zum Beispiel beim Aufbau eines der modernsten Nahverkehrssysteme der Welt in Dubai eingesetzt. Im Jahre 2008 konnte die Firma ihr 25-jähriges Bestehen mit einem internationalen Kolloquium feiern, an dem über 200 Experten aus aller Welt in Karlsruhe zusammen kamen. Darunter der ehemalige Bundesumweltminister und Exekutivdirektor des Umweltprogramms der Vereinten Nationen (UNEP), Prof. Dr. Klaus Töpfer, und der Generalsekretär der Internationalen Vereinigung der Ver-

Die Karlsruher Firma Init ist führend in der Verkehrstelematik. Dazu gehört auch das sogenannte »Ticketing«, die Technik und Organisation von Fahrscheinsystemen.

kehrsbetriebe (UITP), Hans Rat. Und die Erfolgsgeschichte ist nicht zu Ende. München, Nürnberg, Dubai, New York, Oslo und Stockholm, aber auch Hof, Osnabrück und Trier – überall werden Busse und Bahnen von modernen Leitsystemen der Firma Init gesteuert, und das stets mit verbesserter Effizienz, gesteigertem Komfort für die Fahrgäste und nicht zuletzt mit geringeren Schadstoffemissionen. Mehr als 400 Projekte mit über 30 000 ausgerüsteten Fahrzeugen (Stand 2014) hat die Firma Init mit ihrem Hauptsitz in Karlsruhe weltweit seit ihrer Gründung erfolgreich abgeschlossen.

Die größte südwestdeutsche Verbrauchermesse: Die »offerta«

Der »Mannheimer Maimarkt« ist die größte regionale Verbraucherausstellung der Kurpfalz. Doch die größte südwestdeutsche Verbrauchermesse ist die offerta in Karlsruhe, die immer in der letzten Woche im Oktober bis Anfang November stattfindet. Als »sein Kind« wurde sie im Jahre 1972 aus der Taufe gehoben – so der gebürtige Karlsruher Karl W. Hinte, Chef und Ideengeber, der die Messegesellschaft fast 40 Jahre lang geleitet hat.

Der Messemacher erinnert sich: »Damals wurde die Veranstaltung als ›Angebot- und Informations-Schau für die Familie‹ der Öffentlichkeit präsentiert. Insofern hat dann der Begriff ›offerta‹ gut gepasst, zumal der italienische Begriff gleichlautend mit ›Angebot‹ übersetzt werden kann. Der kreierte Slogan offerta endet im Wort mit einem ›a‹ und ›a‹ verweist somit quasi zur Ausstellung.« So begann die Erfolgsstory mit jährlich bis zu 100 000 Besuchern aus nah und fern. Nach den Worten von Hinte wurden in den Anfangsjahren drei Hallen auf dem Karlsruher Festplatz (beim Konzerthaus und der Schwarzwaldhalle) belegt, bis schließlich der Festplatz bebaut war. Dann kamen die Gartenhalle und das Kongresszentrum hinzu, letztlich noch das Konzerthaus, das mit

seiner Lasershow damit beigetragen hat, die Qualität der Messe zu steigern. Im Jahre 2000 wurde – bundesweit einzigartig – eine doppelstöckige Leichtbauhalle hinzugefügt, um ein größeres Platzangebot zu schaffen. Doch ab diesem Zeitpunkt gab es keine Erweiterungsmöglichkeiten mehr. Es war abzusehen, dass erst mit der neuen Messe in Karlsruhe/Rheinstetten eine größere Fläche zur Verfügung stehen würde. Hinte macht dies so deutlich: »Die ehemaligen Flächen der Schwarzwald-, Nancy- und Gartenhalle zusammen entsprechen nach der Neuausrichtung einer Hallenfläche in der neuen Messe – also mit viel Luft nach oben. Die Expansion zeigte sich abermals im Jahre 2003, wobei flächenmäßig die ›offerta‹ um 50 Prozent gegenüber 2002 zulegte und ein Jahr später sogar um 100 Prozent – gemessen an 2002.«

Im Jahre 2013, zum zehnjährigen Jubiläum der Messe Karlsruhe, konnte die offerta rund 140 000 Besucher aus der Region verbuchen. Über 820 Aussteller präsentierten Unterhaltungs- und Informationsprogramme, Events und Aktionen. »Die konstant hohe Besucherzahl der letzten Jahre hat uns gezeigt, dass die offerta die zentrale Einkaufs- und Informationsplattform ist, auf der die Menschen ›der Region

Die »offerta« ist mit über 800 Ausstellern und 140 000 Besucherinnen und Besuchern die größte Verbrauchermesse in Südwestdeutschland.

Bestes‹ erleben können«, sagte Britta Wirtz, Geschäftsführerin der Karlsruher Messe- und Kongress-GmbH (KMK), anlässlich des Jubiläums.

Einzigartige Keramik-Kunst in Deutschland: Majolika Manufaktur Karlsruhe

Was hat Mallorca mit Majolika zu tun? Nun, es ist der Begriff »Majoliken«, der beides miteinander verbindet. Gemeint sind die farbigen Keramik-Glasuren, die auf der Mittelmeerinsel entwickelt wurden. Durch den regen spanischen Handel kamen diese Kunstwerke nach Italien. Dort wurden sie als »Majolika« bezeichnet. In der italienischen Stadt Faenza wurden diese tonkeramischen Erzeugnisse schließlich zum Synonym für italienische Fayencen. Von hier breitete sich im 17. und 18. Jahrhundert diese Technik über Frankreich, die Schweiz und Holland in ganz Europa aus. Abgeleitet vom italienischen Ursprungsort Faenza nannte sich fortan der Teilbereich kunsthandwerklich hergestellter Keramik nach der französischen Bezeichnung »Fayence«. Der Begriff Majolika

Das Museum in der Majolika bietet zahlreiche sehenswerte Exponate der berühmten Karlsruher Keramikkunst.

ist also eine Fertigungstechnik und als solche rechtlich nicht geschützt. Auch der Name Karlsruher Majolika – gegründet im Jahre 1901 durch Großherzog Friedrich I. – war als Marke über hundert Jahre nicht geschützt. Erst der frühere Majolika-Geschäftsführer Anton Goll hat in seiner Amtszeit (1999 bis 2010) die Wort-Bildmarke als Warenzeichen schützen lassen. Unter Golls Führung wurde die Künstlerförderung wieder aufgenommen und die Majolika durch spektakuläre Aktionen und neue Produktlinien zu einem »kulturellen Leuchtturm« in Baden. Für die Verdienste um die Majolika wurde Goll 2001 Badener des Jahres und erhielt 2003 den Europäischen Innovativpreis für Kultur. Der Umsatz wurde vervielfacht. Nicht vergessen sind unter anderem die »Glühende Pyramide«, große Kunst-am-Bau-Projekte und die Einführung vieler neuer Produktlinien, die auch heute noch das Sortiment bestimmen, beispielsweise Weinkühler, Espresso-Gedecke, Gartentische und Lampen. Nach dem Ausscheiden von Anton Goll übernahm Kai-Uwe Lehmacher die Geschäfte.

Es gibt zwar einige Keramik- und Porzellanfabriken sowie Porzellanmanufakturen in Deutschland. Aber der einmalige Status der Majolika-Porzellanmanufaktur zeigt sich schon allein im Verzeichnis des Keramikverbands Deutschland: Denn da steht nur eine Keramikmanufaktur drin – eben die Karlsruher Majolika. Manufaktur bedeutet 80 Prozent Handarbeit, und nur die Majolika wendet wirklich alle Arten von Fertigungstechniken an und ist daher die einzige Manufaktur ihrer Art in Deutschland.

Die bisher größten Erfolge der Majolika: die komplette Ausstattung des Berliner Admiralspalastes, die Ausstattung der Lebensmittelabteilungen der Wertheim-Kaufhäuser, heute Karstadt und der Goldpreis auf der Weltausstellung in St. Louis (USA) 1904. Publikumswirksam war zweifelsohne auch der Filmpreis Bambi (ein Reh als Majolika-Kunstwerk) in den 1950er Jahren und der heutige Deutsche Medienpreis (Majolika-Skulptur), der alljährlich in Baden-Baden an Prominente aus aller Welt vergeben wird.

Älteste Standseilbahn Deutschlands: die Turmbergbahn

Die 1888 gebaute Bahn, die auf den Karlsruher Hausberg hinauf führt, ist die älteste Standseilbahn in Deutschland. Ihren Bau verdankt sie der damaligen Mode, Bergbahnen zu bauen. Neben dem allgemeinen Interesse am Bergbahnbau waren es in Durlach im Besonderen die weiten und häufig unter Wasser stehenden Wege auf den Turmberg, die den Bau einer Turmbergbahn nötig machten.

Bereits 1886 hatte man sich bei der seit 1881 bestehenden »Vereinigten Karlsruher, Mühlburger und Durlacher Pferde- und Dampfbahngesellschaft AG« mit der Planung einer Bergbahn befasst. Bis zur Jungfernfahrt musste man aber noch viele Widerstände in der Bevölkerung ausräumen: Waren es auf der einen Seite die Durlacher Weinbergbesitzer, die ein gutes Entgelt für den Tausch ihres Besitzes verlangten, so stellten sich andererseits vor allem die Durlacher Gastwirte quer. Sie fürchteten, dass die »Residenzler« allzu oft von der »Teufelsbahn« und »Wasserkutsche« Gebrauch machen würden, um dann auf dem Turmberg im Restaurant ihr Geld auszugeben. 105 000 Goldmark als Anlagenkapital wurden zumeist von Durlacher Einwohnern erbracht; am 23. Mai 1887 erteilte das großherzogliche Ministerium die Genehmigung für Errichtung und Betrieb einer Drahtseilbahn (Länge: 310 Meter; Neigung: etwa 35 Prozent). Dass der Begriff »Wasserkutsche« gar nicht so daneben lag, macht das System deutlich. Denn der talwärts fahrende Wagen stellte mit 4000 Litern Wasser im Tank als Wasserballast das nötige Übergewicht her, um den bergwärts fahrenden Wagen in die Höhe zu ziehen.

Es war ein festlicher Tag für Durlach, als am 1. Mai 1888 die Standseilbahn eingeweiht wurde. Mit der Dampfstraßenbahn kamen die Gäste aus Karlsruhe in die Turmbergstadt, wo sie vom Aufsichtsrat und der Direktion der Turmbergbahn sowie einer großen Menschenmenge empfangen und mit Musik durch die reich beflaggten Straßen bis zur Talstation geleitet wurden. Von Christian Schmitt wurde der Bahn das Gedicht »Über der Durlacher Bergbahn« gewidmet, in dem es heißt:

»... Noch tragen rastlos Schwarm um Schwarm herbei
Des Schienenaufzugs volle Wechselwagen.
Bis weit ins Elsass seh'n wir hoch und frei
vor uns den Wall der Wasgaukette ragen.
Auch drüben in der Pfalz hat sich enthüllt
das breite Band der Hardt und ihrer Kuppen.
Von brüderlichem Treugefühl erfüllt
Den Schwarzwald grüßen all die Gipfelgruppen ...«

In den 1960er Jahren wurde die ursprünglich mit Wasserballast betriebene Bahn elektrifiziert und damit grundlegend modernisiert. Während der dreiminütigen Fahrt legt die Turmbergbahn einen Höhenunterschied von 100 Metern zurück. Bis heute ist die Bahn wichtiger »Zubringer« für Wan-

Die Turmberg-
bahn auf dem
Weg zur Aus-
sichtsplattform.
Sie verkehrt
schon seit 1888
auf einer Stre-
ckenlänge von
310 Metern und
überwindet eine
Höhendifferenz
von 100 Metern.

derer und Spaziergänger, die vom Turmberg aus zu einer Tour starten.

Die erste E-Mail Deutschlands

»Alles nahm seinen Anfang am 2. August 1984, als die erste deutsche E-Mail das erste deutsche Postfach zorn@germany im Rechenzentrum der Universität erreichte. Dank Professor Zorn hing Deutschland ab diesem Zeitpunkt als vierte Nation weltweit am Netz«, so die Worte des baden-württembergischen Bundesratsministers Prof. Dr. Wolfgang Reinhart am 7. Juli 2006 in Berlin. An diesem Tag wurde nämlich Werner Zorn, Lehrstuhlinhaber für Kommunikationssysteme am Hasso-Plattner-Institut der Universität Potsdam, das von Bundespräsident Horst Köhler verliehene Verdienstkreuz am Bande des Verdienstordens der Bundesrepublik Deutschland

Die Stadt Karlsruhe feierte im August 2009 die 25-jährige Wiederkehr des Tages der ersten E-Mail Deutschlands mit großem umfunktioniertem Hinweisschild.

übergeben. »Prof. Zorn hat als Gründungsvater des deutschen Internets an der modernsten und bedeutendsten technischen Errungenschaft der letzten Jahrzehnte mitgewirkt«, sagte der Bundesratsminister bei der Übergabe.

Die deutsche E-Mail-Ära begann damit, dass am 3. August 1984 Michael Rotert, seinerzeit Technischer Leiter der Informatikrechnerabteilung an der Universität Karlsruhe (TH) und Mitglied im Team von Professor Werner Zorn, die erste E-Mail in Deutschland erhielt. Sogar die Uhrzeit ist exakt belegt: 10.14 MET.

Grund genug für die Stadtmarketing Karlsruhe GmbH, im Jahre 2009 auf die Anfänge dieser elektronischen Erfolgsstory hinzuweisen und die 25-jährige Wiederkehr des Tages zu würdigen. Historisch belegt ist, dass Laura Breeden aus Cambridge in Massachusetts, USA, die erste E-Mail am 2. August 1984 geschrieben und abgeschickt hat. Anschließend wurde sie an den Server CSNET-SH übermittelt und von dort nach Karlsruhe weitergegeben. Mehrere Stunden später – bedingt durch die Zeitverschiebung – landete die E-Mail am 3. August 1984 in Karlsruhe. Mit den Worten »This is your official welcome to CSNET. We are glad to have you aboard« begrüßte Breeden den Empfänger in Karlsruhe unter der Adresse rotert%germany@csnet-relay.csnet. Und sie führte weiter aus: »Anbei schicke ich Ihnen einige Informationen darüber, wie man das CSNET benutzt, dazu gehört auch das Formatieren der Adressen, das Benutzen eines Namenservers sowie die Schritte, wie man sich im Internet orientiert«. Professor Werner Zorn, zunächst Leiter der Rechnerabteilung an der Karlsruher Fakultät für Informatik und ab 1979 Informatikprofessor, setzte sich für die Einrichtung eines lokalen Netzwerkes mit internationaler Anbindung ein. Er und sein Team (zu dem auch Rotert zählte) benutzten mit diesem ersten, an der Universität stationierten Internetmailserver zum ersten Mal das TCP (Transmission Control Protocol)/IP Internetprotokoll). Dieser in Karlsruhe stationierte Server sollte in den Folgejahren die E-Mails zu einem Massenkommunikationsinstrument machen. Das gleiche TCP/IP-Protokoll wird auch heute noch als Basis für das Internet eingesetzt.

Deutsche-Homöopathie-Union (DHU): Homöopathisches aus Flur und Feld

Auf des Basis des Ähnlichkeitsprinzips und der Potenzierung schuf Samuel Hahnemann (1755–1843) eine neue Therapiemethode: die Homöopathie. Diese sanfte, natürliche Heilmethode – gleichwohl in schulmedizinischen Kreisen umstritten – stellt für viele Menschen eine Möglichkeit dar, Erkrankungen durch das Aktivieren von Selbstheilungskräften wirksam, schonend und kostengünstig behandeln zu können.

Dr. Wilmar Schwabe legte mit seinem 1866 gegründeten nach ihm benannten Unternehmen in Leipzig den Grundstein für die weitere wissenschaftliche Erforschung und kontinuierliche Verbesserung pflanzlicher Arzneimittel-Zubereitungen (Phytopharmaka).

Nach dem Zweiten Weltkrieg verlegte man den Firmensitz nach Karlsruhe-Durlach. Im Jahre 1961 wurde als Tochter des Unternehmens die Deutsche Homöopathie-Union (DHU) gegründet, die fortan für die Entwicklung, Herstellung und den Vertrieb von homöopathischen Arzneimitteln zuständig war.

Mittlerweile ist sie in Deutschland der größte Hersteller homöopathischer Arzneimittel. Die DHU verfügt über ein Lieferspektrum von etwa 420 000 unterschiedlichen Produkten. Jährlich werden allein 73 000 Präparate speziell nach den Wünschen von Therapeuten oder Patienten als Sonderanfertigungen ab einer Losgröße von einem Stück hergestellt. Diese Arzneimittel werden individuell gefertigt und sind nicht lagervorrätig. Außerdem liegt eine große Anzahl von 14 000 Fertigarzneimitteln permanent auf Lager. Und noch ein Superlativ: 105 Tonnen Kügelchen, genannt Globuli (das sind etwa 12,6 Milliarden Stück!) und 200 Tonnen Tabletten und Verreibungen werden jedes Jahr produziert.

»Persilschein« für erstes Kernforschungszentrum Deutschlands

Auf der ersten internationalen Atomkonferenz 1955 in Genf präsentierten die führenden Industrienationen ihre neuesten kerntechnischen Entwicklungen. Die deutschen Atomphysiker erkannten, wie groß zu diesem Zeitpunkt schon ihr Forschungsrückstand war. Der Grund: Die Alliierten hatten der Bundesrepublik zehn Jahre lang jede Betätigung auf dem Nuklearsektor untersagt. Erst mit Gewährung der vollen Souveränität im Jahre 1955 fiel das Verbot. Endlich konnte man dem Vorbild anderer Nationen nacheifern. Die Gründungsurkunde für die Reaktorstation Karlsruhe (Kernreaktor Bau- und Betriebsgesellschaft mbH) unterzeichnete Atomminister Franz Josef Strauß am 19. Juli 1956.

Das ehemalige Kernforschungszentrum Karlsruhe befindet sich nördlich von Karlsruhe in der Gemeinde Eggenstein-Leopoldshafen.

Schon zwei Jahre vor der Unterzeichung der Gründungs-urkunde für die künftige erste Reaktorstation in Deutschland gab es hinter den Kulissen um die Standortfrage heftiges Ge-rangel. Wie Insider Peter Sperling in seiner Festschrift zum 50-jährigen Bestehen des Forschungszentrums Karlsruhe schreibt, hatten sich »auch Aachen und München um den Forschungsreaktor bemüht. Weil Nordrhein-Westfalen eine eigene Atomanlage plante, die dann ab Ende 1956 in Jülich entstand, schied Aachen als Rivale bald aus.« München hat-te potente Fürsprecher in Form von Nobelpreisträger Werner Heisenberg und Atomminister Franz Josef Strauß, die bei-de in der Gunst des damaligen Bundeskanzlers Konrad Ade-nauer standen. Doch der »schlaue Fuchs« Adenauer nahm die Standortfrage mit einem »Persilschein« schon zwei Mona-te vor der ausgestellten Gründungsurkunde mit einem vom Generalinspekteur der Bundeswehr Generalleutnant Hans Speidel unterzeichneten Schreiben vorweg. Es verfehlte sei-ne Wirkung nicht. Es hieß darin, dass »für den Reaktorbau nur Karlsruhe und nicht München in Frage kommen könne«. Zudem argumentierte der damalige Bundeskanzler, dass in Zeiten des Kalten Krieges Karlsruhe weit genug von der Sow-jetunion entfernt läge.

Die kommerzielle Zielsetzung war zu diesem Zeitpunkt ein Novum für eine wissenschaftliche Institution: Deutsche In-dustrieunternehmen sollten sobald als möglich eigene Atom-reaktoren bauen und verkaufen können. Schritt für Schritt gewann das Kernforschungszentrum Karlsruhe internationale Anerkennung.

1995 wurde der Name des Kernforschungszentrums Karls-ruhe in Forschungszentrum Karlsruhe umgewandelt. Sichtba-res Zeichen dafür, dass die Kernenergie nur noch eine unter-geordnete Rolle spielte. 2008 kam es zum Zusammenschluss von Forschungszentrum und Universität Karlsruhe zum KIT, dem Karlsruher Institut für Technologie. Ein entscheidender Schritt: In den Bereichen Energieforschung, Nanotechnologie und Astroteilchenphysik gehört das KIT heute zur Weltspitze.

Erste französische Reifenfabrik auf deutschem Boden: Michelin

Michelin, einer der weltweit führenden Reifenhersteller mit Hauptsitz in Clermont-Ferrand, weitete vor dem Hintergrund der guten Geschäftslage seine Fertigungsstätten aus. Für die erste deutsche Produktionsstätte suchte man nun einen geeigneten Ort. Mehr als 400 Städte bewarben sich. Nach Verhandlungen mit den Städten Mainz, Worms und Karlsruhe erhielt die Fächerstadt schließlich den Zuschlag. Anfang September 1930 erfolgte hier der Spatenstich für das erste deutsche Michelin-Werk samt einer Wohnsiedlung für die Mitarbeiter. Während des Zweiten Weltkriegs wurde das Werk durch die Nationalsozialisten zwangsenteignet und die Anlagen durch einen Luftangriff im Jahre 1944 zu fast 50 Prozent

Der größte Reifen der Welt stammt vom Hersteller Michelin.

zerstört. Am 9. Juni 1958 nahm die Michelin Reifenwerke AG im Beisein des damaligen Karlsruher Oberbürgermeisters Günther Klotz offiziell die Produktion wieder auf.

Heute ist das Karlsruher Werk eine zentrale Produktionsstätte des Konzerns und zählt zu den modernsten der Branche, ist hoch automatisiert und lässt sich in kürzester Zeit auf wechselnde Produktionsmengen umstellen. Das Michelin-Werk hat neben der Reifenfertigung noch ein weiteres Alleinstellungsmerkmal: Hier ist das deutschlandweit einzige Michelin-Museum angesiedelt.

»Karlsruhe geht grad noch« – schwäbische Zustimmung für Siemens-Ansiedlung

Das im Stadtteil Knielingen gelegene Siemens-Werk ist das größte für die Automatisierungstechnik in Baden-Württemberg. Angefangen hat es im Jahr 1900 mit einem technischen Büro in der Karlsruher Innenstadt und 50 Jahre später hat sich die Siemens-Niederlassung in Karlsruhe-Knielingen zu einem der größten Standorte des Unternehmens und zum größten privaten Arbeitgeber der Stadt entwickelt.

Und noch weitere Superlative hat das Werk zu verzeichnen: hier gab es in den 1960er Jahren den größten schallarmen Raum Europas, ein »Expertenzentrum für ferngesteuerten Eingriff«, von wo aus sich die Experten per Mausklick in jedes der rund 1000 Kraftwerke weltweit aufschalten, fernsteuern und technische Probleme lösen können – und das in kürzester Reaktionszeit. Einmalig in der US-Patentgeschichte ist, dass in einer Patent-Schrift (Letters Patent) für Verfahren zur magnetischen Bildaufzeichnung aus dem Jahre 1962 gleich die Nennung mehrerer Stadtteile von Karlsruhe ihren Niederschlag findet. Als Erfindernamen werden aufgeführt: Adalbert Lohmann (Karlsruhe), Hans Friess (Karlsruhe-Daxlanden), Adolf Hinze (Karlsruhe-West) und Heinrich Schmidt (Karlsruhe).

Für das »Ländle« bedeutsam ist, dass die Landeshaupt-
stadt Stuttgart nur knapp die Ansiedlung eines Werkes des
Elektroriesen verfehlte. Obwohl die Schwäbin Antonie von
Siemens – zweite Frau des Firmengründers Werner – ihrem
Mann in den Ohren lag, doch einmal ein Werk in Schwaben
zu errichten.

Fast hätte der schwäbische Deal auch geklappt, wenn
nicht die männlichen Bosse 1941 ein echtes Schnäppchen mit
26 Hektar Bauland in Karlsruhe-Knielingen für zwei Reichs-
mark je Quadratmeter erworben hätten. Antonie, echt schwä-
bisch: »Karlsruhe geht grad noch!«

Großherzog Karl Friedrich von Baden legte mit Leih-
haus die Wurzeln: Sparkasse Karlsruhe Ettlingen

Karl Friedrich von Baden (1728–1811) war ein liberaler und
sozial eingestellter Großherzog. Er erkannte, dass die Ärmeren seiner Untertanen durch private Pfandleiher ausgebeu-
tet wurden und horrende
Zinsen zahlen mussten.
Damit sollte Schluss sein.
Doch bevor seine Plä-
ne in die Tat umgesetzt
wurden, dauerte es noch
etwas. Erst mit der groß-
herzoglichen Genehmi-
gung vom 12.12.1812
wurde der Grundstein
der heutigen Sparkas-
se Karlsruhe Ettlingen
gelegt. Die Historikerin
Dr. Peggy Fiess schreibt
anlässlich des Jubilä-
ums »200 Jahre Sparkas-
se Karlsruhe Ettlingen«

**Das Denkmal vor
dem Karlsruher
Schloss würdigt
den Großherzog
Karl Friedrich
von Baden.**

im Jahre 2012: »... Vier Jahre später wurde dem Leihhaus eine Sparkasse angeschlossen, die verwaltungstechnisch, personell und räumlich eine Einheit mit ihm bildete. Damit ist die Sparkasse Karlsruhe Ettlingen die älteste staatlich-städtische Sparkassengründung in Baden-Württemberg und zählt deutschlandweit zu den 15 ältesten Instituten.«

Selbsthilfeeinrichtung für Beamte: BBBank

Gotthold Mayer (1887–1970) war der erste Geschäftsführer der am 12. November 1921 als Selbsthilfeeinrichtung für den öffentlichen Dienst in Karlsruhe gegründeten Badischen Beamtenbank eG. Sie nahm ihren Geschäftsbetrieb am 1. Januar 1922 auf. Als badischer Postbeamter hatte Mayer »nur« die Oberrealschule in Bruchsal besucht, entpuppte sich aber als hochbegabter und weitsichtiger Bankier. Seine Idee war es, den Beamten die Möglichkeit zu geben, den Teil ihrer Bezüge sicher und verzinslich anzulegen, den sie nicht sofort brauchten. Der gesamte Zahlungsverkehr sollte für Mitglieder kostenfrei sein. Die große Neuerung und auch Attraktivität seiner Überlegungen lag aber darin, Kredite an Beamte mit Einlagen von Beamten zu finanzieren. Damit wurde diese Berufsgruppe kreditwürdig. Die deutschlandweit agierende Bank hat ihren Hauptsitz in Karlsruhe.

Die Zentrale der BBBank befindet sich in der Herrenstraße.

Karlsruher Kultur

Bildhauer, Glasmaler, Aquarellist und Keramiker: Emil Wachter

Der Karlsruher Bildhauer Emil Wachter (1921–2012), Glasmaler, Aquarellist und Keramiker, hat unverwechselbare sakrale Kunst geschaffen. Allein über 100 Kirchen und sakrale Gebäude tragen seine unverwechselbare Handschrift: Wand- und Deckengemälde, Glasfenster, Gobelins, Mosaike, Plastiken, Brunnen sowie die von ihm entwickelten Beton-Reliefs, mit denen er in der Kirche St. Hedwig in der Waldstadt und vor allem in der Autobahnkirche St. Christophorus in Baden-Baden – die »geistige Tankstelle« an der A 5 – bleibende Eindrücke hinterlassen hat.

Emil Wachter stammt aus Neuburgweier (bei Karlsruhe), absolvierte das Abitur, wurde zum Kriegsdienst eingezogen, geriet in Gefangenschaft und konnte ab 1939 Theologie und Philosophie an der Universität Freiburg studieren. Nach erfolgreichem Abschluss wandte er sich aber dem Studium der Malerei und Bildhauerei zu. Ab dem Jahre 1954 war Wachter als freischaffender Künstler tätig, lehrte zudem in den Jahren von 1958 bis 1963 an der Staatlichen Akademie der Bildenden Künste Karlsruhe. An öffentlichen, insbesondere kirchlichen Aufträgen mangelte es Wachter zu keiner Zeit. Eine seiner letzten großen Herausforderungen stellte das 1988 fertig gestellte imposante Deckengemälde der barocken St. Martinskirche in Ettlingen dar.

Seit 1963 lebte Wachter in der Karlsruher Waldstadt, wo er sich mit dem von ihm gestalteten Kauz-Brunnen ebenfalls verewigte. Sein erfolgreiches Wirken wurde mit einer Vielzahl von hohen Auszeichnungen gewürdigt, bis hin zur Verleihung des Bundesverdienstkreuzes I. Klasse und zur Komtur der päpstlichen Orden vom Heiligen Gregor und vom Heiligen Silvester durch Papst Johannes Paul II.

Größter literarischer Verein Deutschlands: Literarische Gesellschaft (Scheffelbund)

Blick auf die von Emil Wachter gestaltete Autobahnkirche St. Christophorus Baden-Baden.

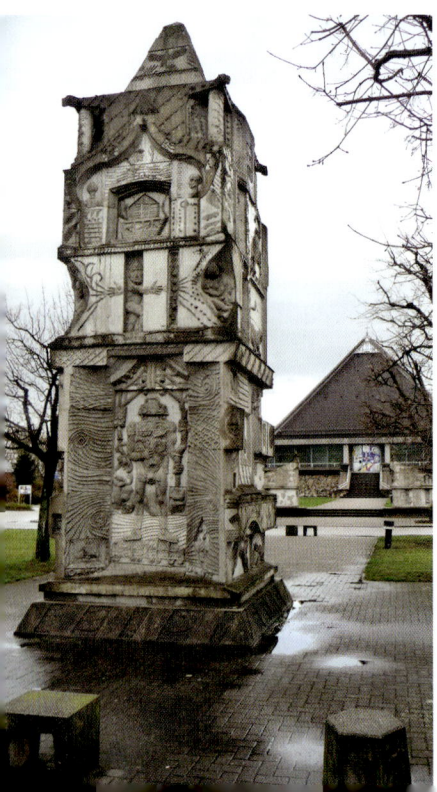

Leseratten gibt es in Karlsruhe schon seit der Stadtgründung. Schon für das Jahr 1757 ist verbürgt, dass es eine »Lesegesellschaft« gab. Hier konnten die interessierten Bürger des Abends Zeitungen lesen sowie beim Qualmen und Biertrinken auch mal ein Spielchen machen. Aus der anfänglichen losen Vereinigung wurde 1780 ein satzungsgemäßer Club, in dem sich Adlige und Bürger zu literarischer Unterhaltung oder zum Lesen gelehrter Schriften trafen. Im Jahre 1785 gründete der Club ein Museum mit einem am Schlossplatz gemieteten Haus, in dem regelmäßig Konzerte, Gemäldeausstellungen und Bälle stattfanden. Die Hofbibliothek mit ihren beachtlichen 30 000 Bänden war an zwei Tagen in der Woche der Bevölkerung zugänglich. Einige Zeit hindurch existierte auch eine »Lateinische Gesellschaft« – unter der Schirmherrschaft des vielseitig interessierten Karl Friedrich. In ihr wurden Abhandlungen einheimischer und auswärtiger Mitglieder über Staatswissenschaften, Philosophie, Geschichte – hauptsächlich badische Geschichte – in lateinischer Sprache vorgetragen.

Im Laufe der Jahrhunderte wandelte sich das Leseverhalten. Geblieben sind im Land der Dichter und Denker jedoch über 200 literarische Gesellschaften (Vereine), in denen Literatur und Kultur gefördert werden. Dass das im Zeitalter der »Internet-Nomaden« dennoch ankommt, belegt die 1924 gegründete Literarische Gesellschaft in Karlsruhe. Mit derzeit etwa 7000 Mitgliedern ist sie die größte literarische Vereinigung in Mitteleuropa, zugleich auch Träger des Museums für Literatur am Oberrhein. Geleitet wird die Gesellschaft von Professor Dr. Hansgeorg Schmidt-Bergmann.

Etwas »Gesellschafts-Geschichte«: Im Jahre 1924 wurde auf Initiative von Eck Freiherr von Reischach-Scheffel, dem Ehemann der Enkelin Joseph Victor von Scheffels, der »Deutsche Scheffelbund« als Verein in Heidelberg gegründet mit dem Ziel, den Nachlass des Dichters aufzuarbeiten und ein Scheffel-Museum einzurichten. Zwei Jahre später erfolgte die Eröffnung des Scheffel-Museums im damaligen Bibliotheksbau des Karlsruher Schlosses. Zu Beginn der 1930er Jahre hatte der Scheffelbund bereits über 1500 Mitglieder, und ab 1933 fanden die ersten Lesungen statt, bei denen »Sprechkünstler« bedeutende literarische Werke vortrugen. 1936 wurde das Scheffel-Museum zum »Badischen Dichtermuseum« erweitert, drei Jahre später erfolgte die Eröffnung der Museumsabteilung »Lebende Dichter um den Oberrhein«.

Zu Kriegsbeginn 1939 wurde der Scheffelbund zwangsweise an das »Reichswerk Buch und Volk« angegliedert und konnte erst nach dem Kriegsende 1945 unter dem wieder gegründeten »Volksbund für Dichtung, vormals Scheffelbund« seine Aktivitäten aufnehmen. Der Name wechselte abermals im Jahre 1965 zum »Oberrheinischen Dichtermuseum«. Ab 1972 nannte sich der »Volksbund für Dichtung« dann »Literarische Gesellschaft (Scheffelbund)«.

Seit 1998 befindet sich die Gesellschaft im Prinz-Max-Palais in unmittelbarer Nähe zum Stadtmuseum. Im ange-

schlossenen Museum für Literatur am Oberrhein haben die Oberrheinische Bibliothek mit einem bedeutenden Bestand an Primär- und Sekundärliteratur zur Literaturgeschichte des Oberrheins und das Oberrheinische Literaturarchiv mit wertvollen Erstausgaben, Handschriften, Briefen und Dokumenten von über 150 Schriftstellern ihr zuhause gefunden. Wichtigste Bestandteile von Archiv und Museum sind die Nachlässe von Joseph Victor von Scheffel, Max Barth und Ernst Feuerstein sowie ein Teil der Verlagskorrespondenz des Stahlberg-Verlages, der in den 1950er Jahren unter anderem Arno Schmidt und Curzio Malaparte in Karlsruhe verlegt hat. 2006 erwarb die Literarische Gesellschaft die Johann-Peter-Hebel-Sammlung von Karl Fritz (Schöpfheim) mit über 700 Exponaten.

Seit 1928 vergibt die Literarische Gesellschaft den nach Joseph Victor von Scheffel benannten Scheffel-Preis für die beste Abiturleistung im Fach Deutsch. Das Veranstaltungsprogramm umfasst wöchentliche Lesungen, Vorträge, Kolloquien und Fachtagungen sowie regelmäßig Diskussionen mit Literatur-Kritikern des Fernsehens.

Von Babylon, Dürer-Justitia und Mauerstück: das Rechtshistorische Museum

Um Sicherheitskontrollen kommt der Besucher nicht herum. Schließlich ist auf dem Areal der Bundesgerichtshof (BGH) in der Herrenstraße untergebracht. Doch nach einem kurzen Prozedere darf sich der Besucher ins Rechtshistorische Museum begeben, das seit 1985 (zuerst in der Stephanienstraße, jetzt in der Herrenstraße) besteht. Es ist eine spannende Zeitreise, die die Rechtsordnungen der alten Kulturen von Babylon mit der neuzeitlichen Rechtsentwicklung verbindet. Dr. Detlev Fischer, Richter am BGH und ehrenamtlicher Leiter des Museums: »Es ist das erste Museum, das in seiner Art so umfassend die Rechtsgeschichte in Deutschland darstellt.« Dazu verweist er gleich auf mehrere Highlights, unter anderem die Justitia aus Holz, die von einem Künstler aus Bad Bergzabern extra als Unikat für das Karlsruher Museum geschaffen wurde. Wer genau hinschaut, dem werden Ähnlichkeiten mit Grafiken von Albrecht Dürer nicht verborgen bleiben. Ein weiterer Höhepunkt sind die unterschiedlichen Roben, die in der Geschichte der Rechtsprechung beim BVG, der Landesjustiz und beim BGH eine »tragende« Rolle gespielt haben. Weitere sehenswerte Exponate und Schriften: Texte zum Römischen Recht, Handschriften aus Byzanz (Istanbul) als Faksimile sowie eine Druck-Ausgabe des Corpus Juris in einer Bearbeitung von 1756 und das Karlsruher Richtschwert »Carlsruhe 1772«.

Das Museum ist eine Fundgrube für alle, die an der Entstehung von Gesetzen und Vorschriften interessiert sind. Bei manchen Exponaten muss man allerdings schon Jahrtausende zurückgehen, wie etwa »Das Totengericht nach dem ägyptischen Totenbuch«, das als Nachbildung zu sehen ist. Als ein echter Hingucker erweist sich die gut zwei Meter hohe Gesetzesstele des Hammurabi. Obwohl sich das nahezu 4000 Jahre alte Original im Louvre in Paris befindet, so ist doch die Nachbildung so gut herausgearbeitet, dass die einzelnen Keilschriften gut zu erkennen sind. Zur Erinnerung: Die Geschichte des geschriebenen Rechts und der fassbaren Rechtspraxis beginnt mit den überlieferten Rechtsquellen des alten Zweistromlandes Mesopotamien in Form von Keilschrifttexten, und der berühmteste Text ist der »Codex Hammurabi« mit seinen 282 Paragraphen aus der Zeit von etwa 1728 bis 1686 v. Chr. Dieser geht auf den babylonischen König Hammurabi zurück und ist das erste bekannte und fast vollständig erhaltene Gesetzbuch der Welt. Und wo bleibt die deutsch-deutsche Rechtsgeschichte? »Kommen Sie mit nach draußen«, sagt der Bundesrichter. Tatsächlich steht direkt angrenzend an das Gebäude ein Stück der originalen Berliner Mauer von 1989. Und wer von der Rechtsgeschichte nicht genug haben kann, dem seien rechtshistorische Rundgänge durch Karlsruhe empfohlen. Nach Detlev Fischers Standardwerk »Rechtshistorische Rundgänge in Karlsruhe« kommen immerhin 75 Orte zusammen, die in der Geschichte des Rechts eine tragende Rolle gespielt haben.

Max-Reger-Institut: Weltweit einziges Forschungsinstitut, das sich des Komponisten annimmt

Brahms, Bach, Strauß, Mahler, Schönberg. Alles Komponisten, die heute als Klassiker in den Musikhochschulen und Konzerten zum Repertoire gehören. Doch Reger – Max Reger? Nie gehört? Dabei befindet sich in Durlach weltweit das einzige Institut, das sich dem Vermächtnis des Komponisten (1873–1916) verschrieben hat. Schon allein die Räumlichkeiten des Instituts sind beachtenswert, befinden sie sich doch an der Stelle des bis in das Jahr 1470 nachweisbaren gotischen Baus der Alten Karlsburg. Das Renaissance-Treppenhaus lässt sich ungefähr auf das Jahr 1570 datieren und trägt Steinmetzeichen des Straßburger Münsters. Dann natürlich die Schätze, die sich in den oberen Räumlichkeiten befinden – allesamt machen sie die besondere Stellung des Musikers zwischen dem 19. und dem 20. Jahrhundert deutlich. Doch warum ausgerechnet Karlsruhe? Das kommt daher, dass das Institut zwar im Jahre 1947 in Bonn (ohne biografischen Bezug Regers zur Stadt) von Regers im Krieg ausgebombter Witwe Elsa gegründet und seit 1981 durch Professor Dr. Susanne Popp geleitet wurde, nach dem Hauptstadtbeschluss aber keine Förderung durch das Land Nordrhein-Westfalen erfuhr. Schließlich stand die Entscheidung an, das gesamte Institut in ein Bundesland zu überführen, in dem sich noch nicht allzu viele Musik-Institute befanden. Und da kam Baden-Württemberg ins Spiel. Freiburg (Deutsches Volksliedarchiv) und Tübingen (Neue Schubert-Ausgabe) hatten bereits vergleichbare Institute. Es wurde hin und her überlegt, bis Professor Dr. Gerhard Seiler und der damalige Kulturreferent Dr. Michael Heck signalisierten: »Wir hätten Euch gerne«. Von da an ging es Schlag auf Schlag: 1996 Einzug als Untermieter der Literarischen Gesellschaft in der Röntgenstraße und zwei Jahre später der Umzug nach Durlach ins heutige Domizil. Und was macht das Institut so unverwechselbar? Die regelmäßigen Veranstaltungen in Karlsruhe und ganz

Max Reger bei der Kompositionsarbeit. Bildnis von Franz Nölken aus dem Jahre 1913.

Deutschland, wenn nicht darüber hinaus? Dies wohl, doch weitaus bedeutender ist die weltgrößte Sammlung an Notenhandschriften von Reger. Sicher gibt es auch Handschriften etwa in Italien, Großbritannien, den Niederlanden, Österreich und den USA, aber die hiesige ist die umfangreichste – 2014 erst konnte ein weiterer Bestand dazugekauft werden. Neben diesem großen Schatz, der in der Badischen Landesbibliothek verwahrt wird, archiviert das Max-Reger-Institut auch eine beachtliche Menge an Briefen, Postkarten und Dokumenten von Regers Hand – neben den für ein solches Forschungsinstitut selbstverständlichen Beständen wie Bibliothek und Klangarchiv. Seit 2010 entsteht am Max-Reger-Institut eine neue Ausgabe von Werken des Komponisten. Regers Orgelwerke werden voraussichtlich Anfang 2015 komplett vorliegen. Zum Stadtjubiläum 2015 wird es neben einer wissenschaftlichen Tagung auch eine Ausstellung zu Regers Liedschaffen in der Badischen Landesbibliothek geben, in der die mit Hilfe der Kulturstiftung der Länder, des Landes Baden-Württemberg, der Wüstenrot Stiftung und vielen privaten Spendern erworbenen neuen Schätze öffentlich präsentiert werden sollen.

Einzigartig im Südwesten: die »art«

Die »art Karlsruhe« ist die größte internationale Kunstmesse für Klassische Moderne und Gegenwartskunst im grenznahen Raum Südwestdeutschlands. Seit 2004 wird sie alljährlich auf dem Gelände der Messe Karlsruhe durchgeführt.

Im Jahre 2014 präsentierten 220 Galerien aus 13 Ländern über 10 000 Kunstwerke, flankiert von einem Rahmenprogramm und Sonderschauen, die etwa 50 000 Besucher begeisterten.

Die Karlsruher Messechefin Britta Wirtz bilanzierte, dass auch die elfte Edition der art Karlsruhe bewiesen habe, dass »ihre trinationale Platzierung in Karlsruhe mit der unmit-

telbaren Nachbarschaft zu Frankreich und Schweiz und der Lage im Herzen des Sammlerlandes Baden-Württemberg ein echter Umsatz-Trumpf für unsere Galeristen« sei.

Unter den internationalen Gästen im Jahre 2014 waren besonders viele Schweizer, gefolgt von Franzosen – und auch vermehrt Besucher aus den Benelux-Ländern (mit Luxemburg an der Spitze), so die Auswertung der Besucherstatistik. Rund 20 Prozent der Galeristen kamen aus dem Ausland – darunter Neuaussteller wie Rothschild Fine Art aus Tel Aviv, die Nuovo Gallery aus Daegu/Südkorea oder Eva Meyer aus Paris.

Von Anfang an besteht das umfangreiche und hochwertige Angebot aus Malerei, Skulptur, Zeichnungen sowie Druckgrafik, Multiples (Auflagenobjekte) und Fotografie. Verglichen mit der ersten art Karlsruhe, bei der selbst Stuttgarter Galerien sich zierten, ins Badische zu kommen, ist das eine beachtliche Leistung, die wesentlich dem Gründer und Galeristen Ewald Karl Schrade zu verdanken ist. Er war es, der, vielen Unkenrufen zum Trotz, stets an die Kunstmesse im Südwesten geglaubt hat.

Schrade wurde 1941 in Gomaringen geboren und erlernte den Beruf des Modellbauers. Nach einem Motorradunfall im Jahre 1960, bei dem er die rechte Hand verlor, absolvierte er eine Ausbildung zum Versicherungskaufmann. Als

Auf der »art« lassen sich jedes Jahr außergewöhnliche und inspirierende Kunstwerke bestaunen.

selbstständiger Versicherungsmakler und Bankzweigstellenleiter begann er Kunstausstellungen zu organisieren und betreibt selbst seit 1971 eigene Galerien in Reutlingen, Kißlegg, Lindau, Schloss Mochental und Karlsruhe.

Das Erfolgsgeheimnis sieht »Mr. art« Ewald Karl Schrade so: »Jeder Aussteller genießt hier das gleiche Ansehen als Kunde und Partner. Es geht um das Wohl der gesamten Messe.«

»Brigantendeutsch«: Karlsruher Mundart

»Dabb nei« (Komm rein); »Horch e mol her« (Höre mal zu); »wi haaisch« (wie heißt du?); »hawwe« (haben) oder »Wie mer in Kallsruh schwetze duht« (wie wir in Karlsruhe reden); »Schlekselbrot« (Marmeladenbrot); »Korowausel« (Bindfadenrolle); »Zwoi woiche Oier in oinere Roih« (zwei weiche Eier in einer Reihe). Beispiele, die die Einzigartigkeit des Karlsruher Dialekts bzw. des »Brigantendeutschs« zeigen. Nach dem Motto: wir können neben Hochdeutsch auch echt Badisch und Karlsruherisch.
Doch Vorsicht! So leicht ist es selbst für Einheimische nicht. Das liegt unter anderem auch daran, dass selbst die Stadtteile ihre besonderen sprachlichen Eigenheiten haben. Für das schriftdeutsche Seil, Fleisch und heiß verwenden die Karlsruher Saail, Flaaisch, haaiß – hier macht der gedehnte Zwielaut aai das Wort zur Stadtmundart. Und sagen die Einheimischen beispielsweise Häuser oder Maus, dann steht hier nicht der gedehnte Zwielaut im Zentrum, sondern man sagt Haiser und Mais.

Die Karlsruher Mundart wurde beeinflusst von den Sprachen der Einwanderer in unmittelbarer Nachbarschaft, denn diese haben den Dialekt mitgeprägt. Schuld daran ist die Geschichte der Markgrafschaft Baden-Durlach, die bis 1771 nur bis zur Alb als Grenze reichte. Dort begann die Markgrafschaft Baden-Baden, und dicht bei Durlach waren schon

Weingarten pfälzisch, Jöhlingen speyerisch und Grünwetters-
bach württembergisch.

Schon Dichter wie Christoph Vorholz und Ludwig Eichrodt haben sich der hiesigen Mundart verschrieben, was in
einzigartigen Gedichten und Versen festgehalten ist: «Do
schteht's Ettlinger Dor...« und »Jetzt isch anderst. D'Kultur
isch bis an's Albufer g'schritte ...«

Dass Karlsruher Mundart in ist, belegen Theaterstücke,
beispielsweise beim Schupi (Grünwinkel), bei de Federbächler
(Daxlanden) oder in der Alt-Neereder Schul (Neureut).

Größte Open-Air-Veranstaltung im Südwesten: Das Fest

»Das Fest« in Karlsruhe ist die größte Open-Air-Veranstaltung im Südwesten. Seit 1985 kommen an drei Tagen durchschnittlich gut 200 000 Musik- und Kulturbegeisterte aus
ganz Baden-Württemberg und anderen Bundesländern am
letzten Juli-Wochenende zum »Mount Klotz«, dem höchsten
Berg in der Günther-Klotz-Anlage. Selbst Wetterkapriolen
konnten bis heute dem Event keinen Abbruch tun.

1984 fand ein Vorläufer-Open-Air in Karlsruhe statt, das
von Tihomir Lozanovski organisiert wurde. 1985 dann hob
eine Gruppe von Organisationen schließlich »Das Fest« aus

»Das Fest« in der Günther-Klotz-Anlage zieht bis heute die Besu-chermassen an.

der Taufe. Im Laufe der Jahre wurde es zu einer Erfolgsstory des Stadtjugendausschusses und zur größten nichtkommerziellen Open-Air-Veranstaltung im süddeutschen Raum. Die Besucherzahlen stiegen stetig an. 1992 – also nur sieben Jahre nach der Gründung – hatte man schon die 100 000-Besucher-Marke erreicht. Doch wegen des zu großen logistischen Aufwands konnte der Stadtjugendausschuss die Veranstaltung nicht mehr alleine stemmen. So drohte dem beliebten Event im Jahre 2009 das Aus.

Doch keiner wollte das »Fest« sterben lassen. Darum wurden alle Kräfte gebündelt, und das »Fest« konnte im Jahre 2010 zum 25-jährigen Bestehen erstmals unter der Trägerschaft der »Das Fest GmbH« starten. Es ist nach offiziellen Angaben mit 244 000 Besuchern im Jahre 2010 zu einer der größten Open-Air-Veranstaltungen in Deutschland aufgestiegen.

Gebäude mit erstem selbsttragendem Hängedach aus Beton: die Schwarzwaldhalle

Eines der markantesten Karlsruher Bauwerke ist die Schwarzwaldhalle, die 1953 nach einer Rekordbauzeit von nur acht Monaten als Mehrzweckhalle eröffnet werden konnte. Das kühn geschwungene Dach ist das Ergebnis der Zusammenarbeit zwischen dem Karlsruher Architekten Prof. Erich Schelling (1904–1986) und dem Münchener Bauingenieur Ulrich Finsterwalder (1897–1988). Beide Architekten hatten sich auf ein neues Terrain innerhalb der freitragenden Betonkonstruktion begeben und schufen so das damals erste Hängedach dieser Größenordnung in Deutschland.

Die gebogene Betonschale ist sechs Zentimeter dick und wurde komplett auf einer durchgehenden Holzschalung betoniert. Angesichts der beschränkten rechnerischen Hilfsmittel in der Erbauungszeit ist die Konstruktion auch aus heutiger Sicht eine mechanisch-mathematische Meisterleistung.

Europäische Brunnengesellschaft agiert weltweit

Im Jahre 2004 sollten Brunnen in den Karlsruher Stadtteilen Südstadt, Waldstadt, Weststadt und Rüppurr stillgelegt werden. Daraufhin schlossen sich einige Menschen zusammen, um dies zu verhindern. »Von Anfang an war ich für eine Europäische Brunnengesellschaft, weil ich auf meinen vielen Reisen festgestellt habe, dass sich die Brunnen in vielen europäischen Ländern in desolatem Zustand befinden. Das bringt doch gar nichts, wenn wir das nicht nur für Karlsruhe machen, sondern auch auf europäischer Ebene.« Das war dann auch der Startschuss zur Gründung der Europäischen Brunnengesellschaft mit Sitz in Karlsruhe im Jahre 2004. Professor Dr. Dietrich Maier war der Initiator und ist heute Ehrenpräsident des Vereins. Die Europäische Brunnengesellschaft finanziert und betreut Brunnenprojekte in afrikanischen Trockengebieten und erarbeitete in Zusammenarbeit mit dem Technolo-

Professor Dietrich Maier stellte 2004 das Karlsruher Brunnen-Buch vor.

giezentrum Wasser in Karlsruhe ein Verfahren zur chemikalienfreien UV-Behandlung von Brunnenwässern. Ferner wurde eine zentrale Ansprechstelle für Brunnenpflege und Brunnenbeschädigung eingerichtet. Weltweite Beachtung fand die Gesellschaft, als sie im Tsunami-Katastrophengebiet in Sri Lanka, in Haiti und in Simbabwe am Aufbau der Trinkwasserversorgung mitarbeitete. Aus der Vielzahl von Projekten sei noch genannt: die Kooperation mit der Universität Surrey in England bei der Untersuchung von 80 000 kontaminierten Brunnen im Distrikt Jaffna (Sri Lanka). Die Karlsruher Gesellschaft ist außerdem Kooperationspartner von »International Water Aid Organization (IWAO)« und »Ingenieure ohne Grenzen«.

Der rührige Wasserchemiker und ehemalige stellvertretende Geschäftsführer der Stadtwerke Karlsruhe hat aber noch einen weltweit einmaligen »Hit« für Reisen auf Lager: Es ist das sogenannte »Chlor am Stiel«. Professor Dietrich Maier: »Das Holzstäbchen wird nur in ein Glas zweifelhaftes Wasser getaucht und nach fünf Minuten kann man dieses trinken und so vermeiden, dass man Durchfall bekommt. Der ›Chlor-Stiel‹ wurde gegen versteckte Bakterien und mögliche Krankheitserreger im Wasser entwickelt und wird künftig allen Luftverkehrsgesellschaften und Hotels in Ländern mit unsicherem Trinkwasser angeboten.« Noch ein Unikat: Unter Mitwirkung der Gesellschaft wurde im Jahre 2005 im ältesten Karlsruher Wasserwerk »Durlacher Wald« das erste deutsche »Wasser- und Brunnenmuseum« eröffnet.

Volksschauspiele Ötigheim: Wurzeln in der Karlsruher Südstadt

Die Wurzeln von Deutschlands größter Freilichtbühne liegen in der Karlsruher Südstadt. Der Gründer der Volksschauspiele Ötigheim Josef Saier wirkte nämlich in der Fächerstadt.

Der Regisseur des legendären »Tell« war ein Südstädtler, und die Komparsen in den Stücken waren als »Karlsru-

her Soldaten« nicht wegzudenken. Einer der berühmtesten
Karlsruher, der das Bühnengeschehen mitbestimmte, war der
Staatsschauspieler Kurt Müller-Graf. Das Ehrenmitglied des
Badischen Staatstheaters begann seine Karriere 1930 in Ötig-
heim und ist als einer der bekanntesten »Soldaten« mit der
Geschichte der Volksschauspiele verbunden. Graf führte da-
rüber hinaus jahrelang Regie und spielte von den 1950er bis
in die 1970er Jahre als »Jesus« in der Passion die Hauptrolle.

Ein weiteres »Histörchen«: Was macht man mit dem bi-
blischen Stoff „Joseph und seine Brüder", der eigentlich in
Ägypten angesiedelt ist? Es wird versucht, alles so authen-
tisch wie möglich zu inszenieren. Dazu zählt auch eine orien-
talisch anmutende Karawane, die mit ihren Kamelen über die
Naturbühne ziehen sollte.

Doch woher das Kamel nehmen? Volksschauspielgründer
Saier bekommt es schließlich aus dem Karlsruher Zoo – mit
Namen »Hans«. Bei der Wilhelma in Stuttgart soll er zuvor
abgeblitzt sein ...

Karlsruher Besonderheiten

Der markgräfliche Privilegienbrief 1715

Traumzeiten für Neuankömmlinge: Ein kostenloser Bauplatz samt Baumaterialien, dazu eine zwanzigjährige Steuerbefreiung. Möglich gemacht hat dies der Privilegienbrief des Markgrafen Karl Wilhelm im Gründungsjahr der Fächerstadt 1715. In diesem wegweisenden Privilegienbrief wurden den Bürgern bislang nie dagewesene Rechte und Freiheiten eingeräumt. So unter anderem Religionsfreiheit, Gewerbefreiheit, Rechtssicherheit und Baurecht. Ziel dieses Privilegienbriefes war vor allem, Handwerker und Händler zu bewegen, in die neu gegründete Stadt zu kommen und sich am Aufbau zu beteiligen. Zwar gab es in anderen Städten ähnliche Privilegien, »aber kein Privilegienbrief war bisher mit solcher Publizität verbreitet worden, bis hin zum Abdruck in französischen Zeitungen. Die Neubürger kamen zu 50 Prozent aus mehr als 100 Kilometer entfernten Orten, 18 Prozent stammten von außerhalb des Reiches, vor allem aus Frankreich, der Schweiz, aber auch aus Italien und Polen...«, heißt es im Buch »Karlsruhe–Nancy. Eine deutsch-französische Städtepartner-

Kurtzer Begriff
aller derer
Freyheiten/ PRIVILEGIEN,
und
Sonderbahrer Begnadigungen/
Wormit
Der Durchleuchtigste Fürst und Herr/
H E R R

C A R L,

Marggraff zu Baden und Hochberg/ Land-
Graff zu Sausenberg/ Graff zu Sponheim und E-
berstein/ Herr zu Rötelen/ Badenweiler/ Lahr und Mahl-
berg rc. Der Röm. Kayserl. und Königl. Cathol. Mayest.
wie auch des Löbl. Schwäbischen Crayses bestellter respective
General-Feld-Marschall und General-Feld-Zeugmeister/
auch Obrister über ein Keyserl. Regiment
zu Fuß rc.
Die Jenige/ welche hinkünfftig bey und neben
Dero Neu-Erbauenden Lust-Hauß

Carols-Ruhe

Mit Anbauung Neuer Behausungen rc.
Sich niderlassen werden/
anzusehen gedencket.

Gedruckt zu Durlach/ durch Theodor Hechten.

Der Privilegien-
brief des Stadt-
gründers von
1715 gewährte
den Neubürgern
weitgehende
Rechte.

schaft«. Zu den ersten Ansiedlern gehörte der Straßburger Waldhornwirt Johannes Sembach, der als erster Bürgermeister von Karlsruhe in die junge Stadtgeschichte einging.

Baustellenstadt: kürzeste U-Bahn mit längster Fertigstellungszeit in Baden-Württemberg

Zur Zeit wird ein neuer Stadtbahntunnel unter der Karlsruher Innenstadt gebaut, die sogenannte »Kombilösung«. Der Grund für diese einmalige Untertunnelung ist der gestiegene

Straßenbahnverkehr der letzten Jahre – allein im Stadtzentrum fahren heute bis zu 48 Züge pro Stunde. Durch diese dichte Zugfolge vor allem im Bereich der Fußgängerzone kam es vermehrt zu Unfällen, bei denen Fußgänger verletzt wurden. Dazu verlängerten sich die Zeiten, die die Straßenbahnen an einer Haltestelle hielten.

Im Zuge der Baumaßnahme wird die Trasse zwischen Mühlburger Tor und Durlacher Tor auf 2,4 Kilometern Länge unterirdisch geführt, oberirdisch wird eine ein Kilometer lange Fußgängerzone entstehen. Neben dem etwa 2,4 Kilometer langen West-Ost-Tunnel (mit Rampen 2,715 Kilometer) wird ein Nord-Süd-Tunnel mit 900 Metern Länge (mit Rampen knapp ein Kilometer) errichtet. Zum Gesamtsystem zählen sieben neue unterirdische und sieben oberirdische Haltestellen. Damit soll die Infrastruktur des Einkaufszentrums in der Stadtmitte verbessert werden.

Die etwas anderen Weihnachtsgrüße aus der Fächerstadt sind ein Verkaufsschlager.

Die Baukosten (Stand: Sommer 2014) für den Stadtbahntunnel Kaiserstraße mit Südabzweig (Bahntrassen und Straßentunnel) belaufen sich auf über 900 Millionen Euro. Das Karlsruher »U-Sträble« – so die Bezeichnung in der Bevölkerung – wird nach ihrer Fertigstellung Ende 2020 als die kürzeste U-Bahn mit der längsten Fertigstellungszeit (2010 bis 2020) in Baden-Württemberg in die Baustellenstadtgeschichte eingehen.

Die Großbaustelle sorgt in Karlsruhe gewiss für viel Ungemach. Nicht nur für Geschäftsleute und Kunden auf der Kaiserstraße. Die Bevölkerung hat sich aber mittlerweile wohl an Lärm und Dreck gewöhnt. Apropos Dreck. Für diesen haben Hotelfachmann Peter Keller und Konditormeister Thomas Burkard-Keller eine besondere Vorliebe. Sie kreierten nämlich den original »Karlsruher Bauschutt«, den es abgepackt in unterschiedlichen Größen gibt. Die Einzelstücke, schön glasiert, sehen dem Bauschutt in der Form schon ähnlich. Aber der Inhalt sind beste Pralinenzutaten. Mittlerweile ist der süße Bauschutt ein Verkaufsschlager.

Was den Leckermäulchen recht ist, ist den Grüßeschreibern billig. Und hier hat sich der Karlsruher Grafik-Designer Holger Tuttas (ki-werkstatt) etwas ganz Besonderes einfallen lassen: unter anderem den Aufkleber »Karlsruhe. Das Erlebnis großartiger badischer Baukunst«. Man sieht eine Pyramide, unter der steht: »Noch bis 2020 überall in der City!« Die echten Baustellen-Postkarten-Knaller sind aber »Grüße aus Karlsruhe« und »Weihnachtsgrüße aus Karlsruhe«. Während bei den »Grüßen aus Karlsruhe« gleich sieben Baustelleneindrücke das imposante Geschehen verdeutlichen, geht es auf der weihnachtlichen Grußkarte eher »stimmungsvoll« zu. Da ist ein gestählter junger Mann als Santa Claus mit roter Mütze und nacktem Oberkörper samt Presslufthammer vor der umhüllten Pyramide zu sehen, links und rechts von weihnachtlichen Accessoires flankiert. Und mittendrin schwebt am blauen Baustellen-Himmel ein strahlender Stern – das »U« (steht für »U-Sträble«).

Erste Majolika-Keramik-Sauna Deutschlands

Am 30. September 2013 wurde in der Therme Vierordtbad die erste Majolika-Sauna Deutschlands eröffnet. Für die Konzeption und Gestaltung des Dampfbades zeichnet der Stuttgarter Künstler Wolfgang Thiel verantwortlich. Durch die dicken Dampfschwaden ist für den Besucher eine gelb gestaltete Statue zu erkennen. Diese wurde nach dem Vorbild der Hygieia errichtet, der Göttin der Gesundheit und der Reinlichkeit. Sie steht sinnbildlich für den Grund des Thermenbesuches: den Geist zu motivieren und die Seele zu beruhigen. Das besondere an diesem Kunstwerk ist, dass die schmückenden Kacheln in der Majolika-Manufaktur Karlsruhe hergestellt wurden.

In einer Präsentation begründete der Künstler seine gestalterische Maßnahme: »Während meiner Internatszeit in Meersburg lag morgens oft Nebel über dem See – besonders im Herbst und Winter. Man kann dann nur noch Geräusche wahrnehmen und bildet sich leicht Dinge ein«. Diese Erfahrung habe den Impuls für seine Arbeit am Majolika-Dampfbad im Vierordtbad gegeben. »So wie alte Nebelfantasien kann man auch die Bilder hier im Dampf erleben«.

Südstadt im Buffalo-Bill-Fieber

Im richtigen Leben hieß er William Frederick Cody (1846–1917), und er war ein bekannter amerikanischer Büffeljäger. Doch erst unter dem Namen »Buffalo Bill« ging er in die Geschichte ein.

Unter diesem Namen gründete er 1883 eine Wild-West-Show, die ein riesiger Erfolg beim Publikum in den USA und in Europa wurde. So kam es, dass er anlässlich einer Europatournee im Jahre 1891 auch in Karlsruhe mit seiner Truppe gastierte. In seinem Tross waren 200 Indianer, Cowboys, Scharfschützen und Reiter, die sich auf der Festwiese an der Durlacher Allee niederließen.

Sitting Bull und Buffalo Bill (rechts). Der legendäre Bisonjäger gastierte mit seiner »Buffalo Bill's Wild West Show« auch in Karlsruhe.

Die Western-Truppe verbrachte vier Tage in der Fächerstadt. Sie gab unweit der Südstadt mehrere Vorstellungen und löste damit eine solche Indianer- und Cowboybegeisterung bei den Südstadtbewohnern aus, dass hier der entsprechende Neckname »Südstadtindianer« schnell gefunden war. Die Begeisterung zeigte sich nicht nur in einem bis heute existierenden Indianerbrunnen am Werderplatz, sondern auch in zwei Indianerclubs. Im November 1948 wurde in der Südstadt der Verein der »Sioux« gegründet, der bis heute den Grundstock der Indianerfreunde Karlsruhe 1952 bildet. Ebenfalls im Jahre 1948 wurde der Westernclub Dakota e. V. gegründet. In Folge des Gastspiels von Buffalo Bill kann sich die Karlsruher Südstadt dafür rühmen, dass in der Fächerstadt die einzige Indianerzeitung Deutschlands – der »Dakota Scout« – erschien.

Erster kommunaler Parkfriedhof Süddeutschlands: der Hauptfriedhof

Der Hauptfriedhof wurde am 16. November 1874 als erster kommunaler Parkfriedhof Süddeutschlands eingeweiht. Der Komplex am Haupteingang mit Portal, Grabkapelle mit Leichenhalle, Gruftenhalle und dem »Campo Santo« wurde von Josef Durm im Stil der Neorenaissance in den Jahren 1874 bis 1876 errichtet.

Der Parkfriedhof ist auch eine Stätte, an der viele Karlsruher Persönlichkeiten, Forscher und Wissenschaftler ihre letzte Ruhe gefunden haben. Davon zeugen eindrucksvolle Ehrengräber und Grabsteine samt kleiner Monumente mit entsprechenden Tafeln und kurzen biografischen Angaben. Hier liegen unter anderem Kunigunde Fischer (1882–1967; erste Karlsruher Landtagsabgeordnete; Seitenweg), Dr. Franz Gurk (1898–1984; Landtagsabgeordneter und Landtagspräsident des Landtages Baden-Württemberg; Hauptweg 2), Hanne

Die von Josef Durm konzipierte Grabkapelle ist das Wahrzeichen des Karlsruher Hauptfriedhofs.

Landgraf (1914–2005; Sozialpolitikerin; Innere Parterre-Anlage), Dr. Adam Remmele (1877–1951; Badischer Staatspräsident, Innen- und Justizminister; seitliche Parterre-Anlage) und der Schwarzwaldbahn-Pionier Robert Gerwig (1820–1885) begraben. Auch ein Denkmal für den »Laufmaschinen«-Erfinder Freiherr Carl Friedrich Drais von Sauerbronn (1785–1851) findet sich hier.

Im April 2002 nahm der Verein zur Pflege der Friedhofs- und Bestattungskultur Karlsruhe seine Arbeit auf. Das Infocenter am Hauptfriedhof dient als bundesweit einmalige Beratungsstelle für einen städtischen Friedhof.

Die weltweit größte Maskottchenparade

Fast jeden Tag wird ein neuer Weltrekord aufgestellt. Aber längst nicht jeder schafft den Sprung in das offizielle Buch »Guinness World Records« – nur die 4000 beeindruckendsten und spannendsten Rekorde nimmt die Redaktion jährlich auf. Karlsruhe ist es mit seiner weltweit größten Maskottchenparade beim Stadtfest im Oktober 2010 gelungen: Gleich zweimal ist dieser Rekord im Guinness-Buch verewigt. Das Foto der offiziellen Übergabe der Weltrekordauszeichnung auf dem Karlsruher Stephanplatz ist prominent auf Seite neun abgebildet. Auf Seite 101 wird dann der Karlsruher Maskottchenweltrekord an sich beschrieben, bei dem Zehntausende begeisterte Zuschauer anwesend waren.

Erster Hallenbadneubau der Bundesrepublik: das Tullabad

Das gibt es nicht häufig, dass ein Bad eine völlig andere Nutzung erfährt. Beim Tullabad ist es aber so. Dort, wo Generationen ihren Schwimmunterricht erhielten, entsteht ein »Exotenhaus«, in dem Kleintiere und Fische ein zuhause finden werden und das zum 300. Geburtstag der Stadt seiner Bestimmung übergeben werden soll. Zudem kann im gleichen Jubiläumsjahr der Karlsruher Zoo seinen 150. Geburtstag feiern.

Das Tullabad wurde in den Jahren 1953 bis 1955 erbaut und galt bei der Eröffnung als der erste Hallenbadneubau der Bundesrepublik. Mit Neuheiten wie einer 610 Quadratmeter großen Fensterfläche, die Blick auf den Stadtgarten gewährte, einem hydraulisch verstellbaren Sprungturm, Unterwasserleuchten, Rundfunk- und Pressekabinen, einer Tribüne mit 600 Plätzen, einer Lichtanzeigetafel für Wettkämpfe und einer Lautsprecheranlage war es einst der modernste Schwimmhallenbau Deutschlands.

Mit der Rizzibahn nach Heilbronn

Es gibt ein fliegendes Kunstobjekt (Condor), Auto-Kunst (Beetle), den Boxmantel von Henry Maske, Postkarten mit Pop-Art-Motiven und natürlich die Werke, die den Pop-Art-Künstler James Rizzi (1950–2011) weltbekannt gemacht haben. Zu diesen gehört seit 2002 auch die »Rizzi-Bahn«. Der Stadtbahnzug ist weltweit das erste von Rizzi gestaltete Schienenfahrzeug und verkehrt täglich auf der Stadtbahnstrecke zwischen Karlsruhe und Heilbronn – damit wurde es zu einem echten Hingucker in Baden-Württemberg. Das rollende Kunstwerk kam über einen ortsansässigen Galeristen und die Stadt Heilbronn zustande. Die Stadtbahn wurde durch Sponsoren finanziert und im Karlsruher Depot in Airbrush-Technik gestaltet. Vertraglich ist zudem abgesichert, dass das Rizzi-Stadtbahn-Kunstwerk auch zukünftig ein Unikat bleibt.

Begriff für eine Kunstepoche: Biedermeier

Biedermeier-Zeit, Bilder von Spitzweg und Möbel von Joseph Danhauser senior – all das verbindet man mit dem Epochenbegriff des Biedermeier. Dieser kam durch die zwei Gedichte »Biedermanns Abendgemütlichkeit« und »Bummelmaiers Klage« von Joseph Victor von Scheffel zu seinem Namen. Diese Werke standen Pate für die fiktive Gestalt des »Gottlieb Biedermeier«, die der Jurist Ludwig Eichrodt und der Arzt Adolph Kussmaul erfanden. Unter diesem Pseudonym veröffentlichten sie in den 1850er Jahren Gedichte und Parodien in den »Fliegenden Blättern«, die in München erschienen.

Ältester voll funktionsfähiger Röhrenrechner der Welt: Zuse Z22

Er ist zwar ein »Rechner-Oldie«, doch seine Leistungen stellten in den Nachkriegstagen alle anderen Computer der Welt in den Schatten. Zuse Z22 ist sein Name. Die Pioniertaten seines Schöpfers, des Computerpioniers Konrad Zuse (1910–1995), werden gewürdigt, bewundert und durchaus auch kritisch hinterfragt. Doch wenn es darum geht, ein solches Relikt für die Nachwelt zu erhalten, entstehen bei den Verantwortlichen plötzlich Bedenken. Von allem etwas spiegelt sich im Computer-Thriller um die Erhaltung des Z22 in der

Z22 war der erste Röhrenrechner der Welt. An der Fachhochschule Karlsruhe war das Gerät bis 2005 in Betrieb.

Nachkriegszeit. Fast hätte Deutschland dieses wertvolle und sogar unter Denkmalschutz stehende Gerät still und leise aus dem Verkehr gezogen, wäre da nicht ein Ingenieur gewesen, der den Computer mit ein paar Gleichgesinnten vor dem Verschrotten bewahrt hat. Dabei wurden ihm ausgerechnet im technikbegeisterten Deutschland zahlreiche Steine in den Weg gelegt. Zuse Z22 wurde zum Zankapfel zwischen Behörden – und am Ende doch zum denkmalgeschützten deutschen Kulturgut ersten Ranges. Die weltweit einzige und originale Röhrenrechenanlage Z22 aus dem Jahre 1958 steht heute im Zentrum für Kunst und Medientechnologie (ZKM) in Karlsruhe und läuft noch immer rund um die Uhr.

Die Grünen: Parteigründung mit über 1000 Delegierten

Sie gilt bis heute als die wohl legendärste Gründungsversammlung in Deutschland: Am 12. und 13. Januar 1980 versammelten sich 1004 Delegierte in Karlsruhe, um eine neue Partei mit dem Namen »Die Grünen« aus der Taufe zu heben.

Übervoll war die Karlsruher Stadthalle, als sich die grünen Urgesteine aufmachten, die politische Landschaft in Deutschland nachhaltig zu verändern. Mit dabei waren unter anderem so prominente Zeitgenossen wie der »abgeschobene« Regimekritiker Rudolf Bahro aus der DDR, der Aktionskünstler Joseph Beuys, Petra Kelly und Jutta Ditfurth. Stehend gedachten die Delegierten am 12. Januar des Studentenführers Rudi Dutschke, der als Delegierter am Parteitag teilnehmen wollte. Er starb am Heiligabend 1979 an den späten Folgen eines Attentats.

Vor dem großen Transparent »Die Grünen – ökologisch, basisdemokratisch, sozial, gewaltfrei« eröffnete der ehemalige CDU-Abgeordnete Herbert Gruhl als Redner den Parteitag und schwärmte vom »Geist der Geschichte«, der jetzt »in unsere Richtung« wehe.

Jutta Ditfurth (links) war Gründungsmitglied der Grünen. Im Januar 1980 fanden sich über 1000 Delegierte im Karlsruher Kongresszentrum ein.

Über den damaligen Aufbruch in eine grüne Ära erinnert sich Jutta Ditfurth in der Artikelserie »So grün war mein Traum«: »... 12./13. Januar 1980, die Stadthalle von Karlsruhe barst fast aus den Fugen: 1004 Delegierte wollten eine völlig neue Partei gründen. Fast dreihundert Journalisten beobachteten hämisch einen Parteitag, wie sie ihn noch nie zuvor gesehen hatten: Bäuerliche Bauplatzbesetzer vom Kaiserstuhl begegneten radikalen Feministinnen aus Köln. Militante Brokdorfdemonstranten aus Hamburg und Hessen diskutierten mit christlichen Pazifisten aus Bayern oder mit Vogelschützern aus Niedersachsen. Punks mit Schlipsträgern. Kommunisten mit Anthroposophen ...«

Gemäß der Tradition der Grünen wollten ihre Delegierten damals, dass als wichtigstes Ziel der Umweltschutz (Pflanzen, Tiere, Landschaft) im Parteiprogramm verankert wurde. Im Vergleich zu den Programmen der anderen Parteien war dies ganz neu und kam damit einer politischen Sensation gleich. Am 6. März 1983 zogen die Grünen das erste Mal in den Bundestag ein und sind seitdem aus der politischen Landschaft Deutschlands nicht mehr wegzudenken.

Weltweit erstes dreidimensionales Fingerlabyrinth

Es gibt Labyrinthe in den unterschiedlichsten Ausformungen: als Felsritzung, Zeichnung, Pflanzung (Maislabyrinth), Mosaik, Ornament und Bauwerk (Rasen- und Bodenlabyrinthe). Doch stets sind diese zweidimensional, also auf eine Ebene bezogen, auf der man sich bewegen und verirren kann. Etwas Besonderes ist daher eine dreidimensionale Ausführung. Das weltweit erste dreidimensionale Fingerlabyrinth schuf der Künstler Oliver Stefani. Sein Werk steht in der ältesten Gartenanlage der Fächerstadt – nämlich in Durlach. Bei der Präsentation im Jahre 2011 berichtete der Künstler über die Schwierigkeiten bei der Ausführung, weil die Spuren beim dreidimensionalen Labyrinth quadratisch abgebildet werden müssen. Als Grundlage benutzte der Künstler das berühmte Bodenlabyrinth in der Kathedrale Notre-Dame in Saint-Omer (Nordwestfrankreich) aus dem 14. Jahrhundert. Dieses zweidimensionale Labyrinth wurde auf die Sandsteinsäule dreidimensional übertragen. Der Betrachter wird beim Abfahren des Labyrinths mit dem Finger in wechselnden Richtungen um den Stein geführt, bis er das Zentrum erreicht. Der Stein ist zwei Meter hoch und hat einen Querschnitt von 28 x 28 Zentimeter. Die Stele steht im Schlossgarten Durlach im Bereich des Lapidariums im Umfeld von zahlreichen römischen Steinen mit Inschriften und Bildern.

Größte Mauspad-Sammlung Europas

In Zeiten von iPads und Tablet-PCs, bei denen die menschlichen Finger die elektronische Maus ersetzen, gelten die »Nagetier«-Unterlagen – die Mauspads oder Mausmatten – mehr und mehr als Auslaufmodell und werden wohl in einigen Jahren ganz von der Computerbildfläche verschwunden sein. Ein Glücksfall war es daher, dass das weltgrößte Computermuseum, das Heinz-Nixdorf-MuseumsForum (HNF) in Pa-

Europas größte Mauspad-Sammlung stammt aus Karlsruhe. Zu sehen ist sie im Heinz-Nixdorf-MuseumsForum in Paderborn.

derborn, 2013 die größte Mauspad-Kollektion Europas erwerben konnte – von einem Karlsruher Sammler. Auf der »Jagd« nach den »Nager-Unterlagen« sind in einem Zeitraum von 20 Jahren rund 400 Original-Exemplare aus allen Kontinenten und nahezu allen Materialien, Formen und Stilrichtungen zusammengetragen worden. Der Sammler war schon etliche Jahre früher aktiv, bevor die Mauspads zu einem »neuen Sammelobjekt« geworden sind. So konnten echte Raritäten aus Kultur, Wissenschaft, Technik und Handwerk an Land gezogen werden. Schließlich sind die Mausunterlagen »künstlerische Lein- und Bildwände« des Computerzeitalters und gleichsam Teil der Computerkultur. Es gibt zahlreiche Varianten: Mal sind sie farbig, bieder, kunstvoll, nostalgisch oder einfach nur lustig gestaltet. Anlässlich der »langen Museumsnacht« am 24. August 2013 in Paderborn wurde die Kollektion im Rahmen einer Sonderausstellung erstmals präsentiert. Bestaunt werden konnte unter anderem ein Mauspad, das als Sonderauflage zur Amtseinführung von US-Präsident Barack Obama angefertigt wurde, oder Motive wie die »Erste E-Mail Deutschlands«.

Deutschlands größte städtische Festhalle mit Biertunnel

Da sage noch einer, dass die Badener im Allgemeinen und die Karlsruher im Besonderen nicht feiern könnten. Ganz im Gegenteil! Am 27. April 1877 wurde Deutschlands größter Festsaal (an der Stelle befindet sich heute die Schwarzwaldhalle) eingeweiht. Die von Josef Durm entworfene städtische Festhalle hatte einen großen und einen kleinen Saal – und im Erdgeschoss hinter dem großen Festsaal den damals so beliebten »Biertunnel«. Nahezu 70 Jahre lang, bis zum Zweiten Weltkrieg, war die Festhalle so etwas wie eine Kultur- und Vergnügungsmeile: Kunstausstellungen, Silberhochzeit des großherzoglichen Paares, Blumenausstellungen, Tonkünstlerversammlungen des Allgemeinen Deutschen Musikvereins mit Franz Liszt am Pult, Bankette des Deutschen Kolonialvereins, der Deutsche Geografentag und sechs Sängerbundfeste fanden hier statt. Es waren auch die sangesstarken Vereine wie Liederkranz und Concordia gewesen, die mit ihrer ersten Spende den »Saalbaugrundstock« legten. Wegen der ausgezeichneten Akustik waren Gastspiele von Sängerinnen und Sängern en vogue. Hier fanden herausragende Symphoniekonzerte, Furtwänglerabende und auch die Große Totenmesse von Hector Berlioz statt, zu der Felix Mottl 32 Pauken aus ganz Baden zusammengeholt hatte. Bei den Veranstaltungen in der Festhalle kam es regelmäßig zu einem Stelldichein der Prominenten, wie etwa beim berühmten Urwalddoktor Albert Schweitzer, der 1929 hier sprach. Eng mit der Festhallengeschichte verbunden sind die Ballveranstaltungen (Schützen-, Feuerwehr- und Maskenbälle). Klar, dass die weitläufigen Räume auch für politische Veranstaltungen genutzt wurden. Als der Kommunist Max Hölz 1929 im großen Saal redete, wurde dieser zu einem Trümmerhaufen, nachdem 300 Nationalsozialisten in einer Saalschlacht die Rednertribüne stürmten. Das Aus der städtischen Festhalle kam, als sie in der Bombennacht 1944 total abbrannte.

Einzige deutsche Stadt mit zwei TGV-Anbindungen: der Karlsruher Hauptbahnhof

Dort wo heute das Badische Staatstheater steht (Ettlinger Tor/ Kriegsstraße), herrschte in der zweiten Hälfte des Jahres 1841 auf dem Gelände der Nachtwaid (Nachtweide für Tiere) emsiges Treiben. Der Grund: Hier auf der weiträumigen Fläche wurden Vermessungsarbeiten durchgeführt mit dem Ziel, den ersten Hauptbahnhof entstehen zu lassen. Schon zwei Jahre später waren Bahnhof und Gleisanlagen fertiggestellt. Der Baumeister Friedrich Eisenlohr hatte dazu das Hauptgebäude mit Turm und Uhr im Stadtzentrum errichtet. Die Bahnstrecke von Karlsruhe nach Heidelberg wurde am 1. April 1843 eröff-

Der Karlsruher Hauptbahnhof ist ein wichtiger TGV-Knotenpunkt.

net, und ein Jahr später konnte der Karlsruher Reisende nach Süden schon bis nach Offenburg fahren, nach Pforzheim im Jahre 1860. Doch mit der Ausdehnung der Stadt nach Süden wurden die Verkehrsbehinderungen an den Übergängen Ettlinger Tor und Rüppurrer Tor immer größer. Die Schranken waren wegen der Züge mehr geschlossen als offen. Den Verantwortlichen war bewusst, dass man den Hauptbahnhof verlegen musste. Es kam in der Folge zu Verhandlungen zwischen Stadt- und Eisenbahnverwaltung, die letztendlich den Platz südlich des Stadtgartens auswählten. Die Arbeiten dauerten von 1906 bis 1913, wobei die Bahnhofsgestaltung in den Händen von Professor August Stürzenacker lag. Er hatte die Deckenbögen der riesigen Eingangshalle mit Blattgold verziert, um einen Sternenhimmel über den Reisenden anzudeuten.

Mit dem Bahnhofsneubau entstanden große Veränderungen innerhalb der Stadt, wobei der bisherige Bahnhof an der

Der von Friedrich Eisenlohr errichtete alte Bahnhof in der Kriegsstraße im 19. Jahrhundert.

Kriegsstraße und auch die Bahnhöfe am Mühlburger Tor und in Mühlburg geschlossen wurden. Das Hauptgebäude des alten Hauptbahnhofs mit seinem markanten schlanken Turm blieb zunächst erhalten. Auf den ehemaligen Gleisanlagen wurde in den Jahren von 1932 bis 1934 eine Markthalle errichtet, die bis 1969 bestand. Doch mit dem Neubau des Staatstheaters verschwand dann alles von der Bildfläche.

Heute ist der Karlsruher Hauptbahnhof ein wichtiger europäischer Knotenpunkt, mit täglich etwa 60 000 Reisenden und Besuchern. Mit der Auszeichnung »Bahnhof des Jahres 2008« wurde die Drehscheibe des Schienenverkehrs bundesweit gewürdigt. In der Laudatio heißt es dazu unter anderem: »Schön ist er nicht, monumental ist er nicht, vorlaut ist er nicht. Aber er hat Charme.« Seit dem 23. März 2012 ist Karlsruhe die einzige deutsche Stadt mit zwei TGV-Anbindungen. An diesem Tag konnte der damalige Oberbürgermeister Heinz Fenrich im Beisein von hochrangigen Vertretern der Deutschen Bahn und der Generaldirektion der französischen Eisenbahngesellschaft SNCF verkünden: »Wir sind jetzt die einzige Stadt Deutschlands, von der man mit dem TGV in jede Himmelsrichtung reisen kann«.

Der erste internationale Chemiker-Kongress von 1860

Für die körperliche Gesundheit sind Elemente wie Kalium, Kalzium, Zink und Eisen wichtig. Andere chemische Elemente spielen eher in der Chemie und der Physik eine wichtige Rolle. Aber wie könnte man diese in eine sinnvolle Beziehung zueinander setzen? Um diese Frage zu beantworten, wurde der erste internationale Chemiker-Kongress vom 3. bis 5. September 1860 in Karlsruhe veranstaltet. Man rang um die Einführung einer einheitlichen Systematik. Führende Köpfe der noch jungen Fachrichtung wie Robert Bunsen, August Kekulé, Jean-Baptiste Dumas, Carl Fresenius, Louis

Pasteur und Dmitri Mendelejew nahmen an der Veranstaltung teil. Dieser Kongress stellte einen Meilenstein in der Geschichte der Chemie dar, weil hier nicht nur Chemiker aus Deutschland, Europa und Übersee zusammenkamen (127 Wissenschaftler), sondern weil es auch die erste internationale Fachtagung für Chemie weltweit war. Carl Weltzien (1813–1870) hatte diese Versammlung ins Leben gerufen. Der Initiator wurde 1841 an das Polytechnikum in Karlsruhe berufen und leitete dort ab 1850 die chemische Abteilung. Hier brachte er den Lehrbetrieb auf einen modernen Stand und forschte über Stickstoffverbindungen, Silbersalze und Mineralwässer.

Geschichte eines Flops: die Thermoselect-Anlage

Als »Wunder von Verbania« wurde das neue Müllverbrennungskonzept Thermoselect bezeichnet. Und tatsächlich war es damals im Jahre 1995 der neueste Schrei im Bereich der Müllverbrennung in deutschen Landen – man warb damit, dass das Verfahren »völlig emissionsfrei« sei. In der europaweit ersten Thermoselect-Großanlage im Karlsruher Rheinhafen sollte im Praxisversuch der Restmüll in Granulat umgewandelt werden. Der Betreiber war die EnBW AG.

Die in Locarno (Schweiz) von der Firma Thermoselect gebaute Vorzeigeanlage war allerdings noch nie im Großversuch gelaufen. Ausgerechnet der Karlsruher Energiekonzern kaufte die Exklusivrechte und setzte auf die »theoretisch« ausgereifte Technik, mit der praktisch dann in großem Stil der Müll aus dem Stadt- und Landkreis – geplant war eine Müllmenge von 225 000 Tonnen jährlich – entsorgt und beseitigt werden sollte. Am 7. Januar 2002 wurde vom Regierungspräsidium Karlsruhe die Genehmigung für den dauerhaften Betrieb erteilt. Trotz erheblicher Bedenken bezüglich der technischen Voraussetzungen ging die Anlage in Betrieb. Doch der ab 1999 angelaufene Probebetrieb währte nicht lange. Es folgten Pannen auf Pannen. So wurde bald bekannt, dass man für die Bagger, die den Müll in die Öfen transportieren sollten, ein nicht ausreichend temperaturfestes Hydrauliköl verwendete. Ende 2004 wurde die Thermoselect Karlsruhe durch die EnBW stillgelegt. Am 27. April 2005 beendete die Stadt Karlsruhe das Kapitel Thermoselect – das in der Bevölkerung den Namen »Thermodefekt« erhalten hatte – durch eine Vereinbarung mit dem Betreiber. Insgesamt soll der Verlust für den Energieversorger über 450 Millionen Euro betragen haben. Vom einstigen Müllverbrennungs-Wunder ist nur noch die Thermoselect-Ruine im Rheinhafen übrig geblieben.

Fußballhochburg: der Karlsruher Fußballverein (KFV) mit jüdischen Nationalspielern

Im Juni 2013 wurde ein Teilstück des Karlsruher Weges sowie ein Platz in der Weststadt nach den beiden einzigen jüdischen deutschen Fußballnationalspielern des Karlsruher Fußballvereins e.V. (KFV), Julius Hirsch und Gottfried Fuchs, benannt. So wurde ihnen endlich die verdiente Würdigung zuteil. Dazu kam eigens der frühere Präsident des Deutschen

Der Straßen- und der Platzname erinnern an jüdische Fußballspieler des Karlsruher Fußballvereins (KFV).

Fußball-Bundes, Dr. Theo Zwanziger, nach Karlsruhe, um mit Oberbürgermeister Dr. Frank Mentrup im Beisein von Familienangehörigen von Hirsch und Fuchs feierlich die neuen Straßenschilder zu enthüllen. Straße wie Platz liegen in der Nähe des Sportgeländes, auf dem die beiden ihre Erfolge mit dem KFV gefeiert hatten. Der älteste süddeutsche Fußballclub wurden mit den exzellenten Spielern Hirsch und Fuchs im Jahre 1910 Deutscher Meister.

Nationalspieler Gottfried Fuchs, der sechs Länderspiele bestritt, schoss in der Partie gegen Russland zehn Tore (Endstand 16:0), ein Rekord, der bis heute unübertroffen ist. Doch als die Nationalsozialisten an die Macht kamen, musste Fuchs emigrieren. Er floh über Frankreich nach Kanada.

Julius Hirsch, Innenstürmer des KFV, kam in den Jahren 1911 bis 1913 auf sieben Länderspiele und schoss als erster Nationalspieler vier Tore in einem Spiel. Hirsch spielte in der ersten Mannschaft des KFV, an dessen Deutscher Meisterschaft und der Vizemeisterschaft 1912 er maßgeblichen Anteil hatte. Dem Ausschluss aus dem KFV als Jude kam er schweren Herzens durch seinen Austritt zuvor. 1943 wurde Hirsch von den Nationalsozialisten in Auschwitz ermordet. Seit 2005 wird vom Deutschen Fußball-Bund (DFB) der Julius-Hirsch-Preis vergeben.

US-Präsident Thomas Jefferson und der Karlsruher Fächer

Die Hauptstadt der Vereinigten Staaten von Amerika (USA) ist Washington D.C. Kaum zu glauben, dass bei der Stadtplanung von Washington D.C. die fächerförmigen Straßenzüge Karlsruhes Einfluss genommen haben sollen. Maßgeblich dazu beigetragen hat der spätere amerikanische Präsident Thomas Jefferson (1743–1826), als er auf einer Deutschlandreise am 15. April 1788 auch in Karlsruhe weilte und den Schlossturm bestieg. Der Grundriss der noch jungen Plan-

Thomas Jefferson (1743–1826) ließ sich in Karlsruhe inspirieren.

stadt muss Jefferson so beeindruckt haben, dass er davon Skizzen anfertigte und mit in die USA nahm. Historisch belegt ist ein Brief vom 10. April 1791 an den damaligen Washingtoner Stadtarchitekten Pierre Charles L'Enfant, in dem Jefferson seine Vorstellungen über die neue Hauptstadt entwickelte und die Übersendung europäischer Stadtpläne, unter anderem von Karlsruhe (Carlsruhe), ankündigte. Auch wenn George Washington den Architekten L'Enfant mit der Planung seiner Stadt beauftragte, so sind in die endgültigen Ausführungen höchstwahrscheinlich viele Entwurfsdetails von Jefferson eingeflossen. In der Form etwa, dass die Straßen vom Capitol und der Union Station abgehen, was mit hoher Wahrscheinlichkeit dem Karlsruher Fächer entlehnt sein dürfte. Auch beim Thomas-Jefferson-Memorial in Washington, das erst im 20. Jahrhundert erbaut wurde, lassen sich bauliche Bezüge zu frühen Plänen der evangelischen Kirche von Weinbrenner – eine Rotunde ohne Turm mit Säulenvorhalle – herauslesen.

Angetan war Jefferson bei seinem Besuch in Karlsruhe auch aus anderen Gründen. Das belegt seine Notiz vom 16. April 1788, in der es heißt: »Seit ich sein (Anm.: Markgraf von Baden) Territorium betreten habe, sehe ich keine Bettler mehr, und der Reisende muss sich nicht mehr alle Augenblicke durch Lösegeld freikaufen. Die Straßen sind ausgezeichnet.«

Erstes Mädchengymnasium Deutschlands

Heute ist es selbstverständlich, dass Mädchen gleichberechtigt an den Schulen ihr Abitur machen können. Ende des 19. Jahrhunderts bestimmten allerdings immer noch die Männer, wo es langging – auch was die Bildung betraf. Doch im liberalen Baden wurden längst überfällige Reformen in die Tat umgesetzt. Unterstützer hatten die wissbegierigen Mädchen im damaligen Großherzog von Baden und in den Frauenvereinen, die es schließlich schafften, dass das erste Mädchengymnasium in Deutschland eröffnet werden konnte. Der folgende Auszug aus dem Geleitwort des Jubiläumsbandes »100 Jahre Mädchen-Gymnasium in Deutschland« aus dem Jahre 1993 von Oberbürgermeister Prof. Dr. Gerhard Seiler spiegelt in aller Kürze die damaligen Verhältnisse wider:

»Einen wahren Meilenstein auf dem Weg in die Gleichberechtigung legte die Karlsruher Stadtverwaltung im September 1893, als mit ihrer Hilfe hier in den Räumen der Höheren Mädchenschule (Anmerkung: zunächst Fichte-Gymnasium; dann 1911 Umzug ins neu erbaute Lessing-Gymnasium) das

Das Karlsruher Lessing-Gymnasium in der Sophienstraße war das erste Mädchengymnasium Deutschlands. Heute gibt es hier koedukativen Unterricht.

erste Gymnasium für Mädchen eröffnet werden konnte. Bis dahin durften Frauen nirgendwo Abitur machen, der Zugang zu den Universitäten war ihnen versperrt. Zwar legte die Privatinitiative einiger Frauen, angeführt von Hedwig Kettler, den Grundstein für die volle Gleichberechtigung in der Bildung, doch das wäre ohne die Unterstützung der Stadt damals nicht möglich gewesen. Als sich 1897 abzeichnete, dass die Schule als private Institution nicht mehr weitergeführt werden konnte, übernahm die Stadt das Gymnasium und gab ihm damit den Status einer öffentlichen Schule mit fest besoldeten Professoren als Lehrkräfte. Damit war ihr Bestand gesichert, so dass 1899 die ersten Abiturientinnen von Karlsruhe aus auf die Universitäten in Baden gehen konnten.«

Eine Karlsruher »Erfindung«: der Studiengang Arztassistentin

Bei Operationen assistieren, kleine Eingriffe durchführen, Blut abnehmen, Ultraschallaufnahmen machen, einen Behandlungsplan aufstellen und durchführen – alles ohne ein Arztstudium? Das geht, wenn die Studierenden den Bachelorstudiengang Physician Assistant – Arztassistent (B.Sc.) erfolgreich absolviert haben. Dieser Studiengang entstand aus der Forderung, dem erhöhten Bedarf an qualifizierten Gesundheitsleistungen Rechnung zu tragen, den Arzt zu entlasten und zugleich die Lücke zwischen Arzt und Pflegepersonal zu schließen.

Konzipiert wurde der noch relativ neue Studiengang an der Dualen Hochschule in Karlsruhe durch die Pioniere und Initiatoren Professor Hans Schweizer und Professor Konrad Speßhardt. So einfach war die Einführung des neuen Studiengangs nicht, da »hierbei die rechtlichen Grundlagen geschaffen werden mussten, ob es möglich ist, ärztliche Tätigkeiten ohne Haftungsprobleme zu delegieren«, erklären die beiden Professoren über die Anfänge. Diese Innovation bei den medizinischen Berufen war zu diesem Zeitpunkt noch so ungewöhnlich, dass für die Kompetenzerweiterung des Arztassistenten eine Änderung des Landespflegegesetzes erforderlich wurde. Nach der Gesetzesänderung ging es dann im Jahre 2010 los, und sogleich hatten sich zwölf Studierende für den Studiengang beworben. Mittlerweile können Interessierte diesen Studiengang an den Dualen Hochschulen in Baden-Württemberg absolvieren.

Der Mord an Generalbundesanwalt Siegfried Buback

Auf dem Rasen vor der Versorgungsanstalt des Bundes und der Länder (VBL) erinnert heute ein Gedenkstein (Ecke Hans-Thoma-Straße und Moltkestraße) an den Mord an Generalbundesanwalt Siegfried Buback am 7. April 1977, der den Rechtsstaat erschütterte.

Siegfried Buback (1920–1977) kam 1959 als Staatsanwalt nach Karlsruhe zur Bundesanwaltschaft. 15 Jahre später wurde er als Generalbundesanwalt oberster Ankläger der Bundesrepublik. An jenem verhängnisvollen Tag im April fuhr er von seiner Wohnung im Stadtteil Neureut auf seiner letzten Dienstfahrt in die Karlsruher Innenstadt zum Bundesgerichtshof, wo die Bundesanwaltschaft untergebracht war. Der blaue, ungepanzerte Mercedes rollte auf der Linkenheimer Landstraße auf die Ampel-Kreuzung an der Ecke Moltkestraße zu – vorbei an einer Tankstelle, wo die Täter auf einem Motorrad lauerten. Etwa gegen 9.15 Uhr, als Bubacks Wagen an der Ampel halten musste, feuerten die Terroristen aus einem Schnellfeuergewehr mindestens 15 Schüsse auf die im Auto befindlichen Personen ab. Siegfried Buback und sein Fahrer Wolfgang Göbel waren sofort tot. Der von Schüssen getroffene Sicherheitsmann Georg Wurster starb sechs Tage später. Zur Tat bekannte sich das »Kommando Ulrike Meinhof« und nannte den Anschlag »Hinrichtung«. Bis heute ist nicht zweifelsfrei geklärt, wer auf Siegfried Buback, Wolfgang Göbel und Georg Wurster schoss.

Forschen für gesunde Lebensmittel: Max Rubner-Institut

Kann die Nanotechnologie auch bei der Behandlung von Lebensmitteln eingesetzt werden? Bis zu welchem Zeitpunkt lassen sich Äpfel unbedenklich essen? Genau um diese und andere Fragen geht es im Bundesforschungsinstitut für Ernährung und Lebensmittel des Max Rubner-Instituts (MRI) mit Sitz in der Karlsruher Oststadt. Aus dem umfangreichen Spektrum sei folgendes herausgegriffen: Bei der Suche nach alternativen Behandlungsmaßnahmen zur Langzeitlagerung von Äpfeln sind Wissenschaftler der MRI auf das Verfahren der Heißwasserbehandlung gestoßen, das schon vor 100 Jahren für den Pflanzenschutz genutzt wurde und fast in Vergessenheit geraten war. Dazu wurde eigens eine Versuchsanlage gebaut. Ergebnis: Durch die Kombination einer Heißwasserbehandlung bei bestimmter Temperatur, Dauer, Lagerung und kontrollierter Atmosphäre konnte die Fäule auf etwa drei Prozent im Vergleich zu 41 Prozent bei ungetauchten Äpfeln reduziert werden.

Der Gedenkstein an der Ecke Hans-Thoma-Straße und Moltkestraße erinnert an die Ermordung von Generalbundesanwalt Siegfried Buback in Karlsruhe.

Solitär in Baden-Württemberg: Bier-Tasting auf der Karlsruher Bücherschau

»Das Karlsruher Bier-Tasting ist solitär in Baden-Württemberg«, so Johannes Scherer, ehemaliger Geschäftsführer des Landesverbandes Baden-Württemberg des Börsenvereins im Jahre 2012. Er muss es wissen, zumal er Initiator des Bier-Tastings in Karlsruhe war. Kultstatus hatten die Bierproben im Rahmen der »Flüssigen Freitage« auf der Karlsruher Bücherschau erlangt, bei denen zum jeweiligen Gastland entsprechende Biere von Dr. Friedrich Georg Hoepfner vorgestellt und mit launigen Geschichten rund um den Gerstensaft von Schauspieler Harald Schwiers garniert wurden. Mit gut 12 000 Bierchen in zwölf Jahren eine beachtliche Biermenge, die da durch die Kehlen rann.

Die Bundesanstalt für Wasserbau sorgt für die Qualität der Wasserstraßen: hier die Grundinstandsetzung der Schleuse Heidelberg.

Bundesanstalt für Wasserbau (BAW): Kompetenz für Wasserstraßen weltweit

Wenn es sich um Projekte im Bereich Wasserbau handelt – regional bis weltweit – ist eine Einrichtung in Deutschland

federführend: die Bundesanstalt für Wasserbau (BAW). Hiervon zeugen die fachliche Beratung bei der Bewältigung der Hochwasser-Katastrophen an der Elbe im Jahre 2002 und im Sommer 2013, Schleusenentwürfe am Panamakanal oder das Renommee der BAW auf internationalem Parkett. Mit Sitz in Karlsruhe und einer Dienststelle in Hamburg obliegen der Behörde die Planung, der Aus- und Neubau sowie der Betrieb und die Unterhaltung der Bundeswasserstraßen. Eines der regional bedeutenden Projekte ist die Staustufe Iffezheim. Dort werden Jahr für Jahr in einem speziell von der BAW entwickelten Verfahren 200 000 Kubikmeter Kies auf den Boden des Rheins gefüllt, damit die Sohle des Rheinbodens nicht einsinkt. Bis 2027 sollen an etwa 250 Staustufen beispielsweise an Donau, Mosel, Main und Neckar entsprechende Fischaufstiege gebaut werden. Zusammen mit der Bundesanstalt für Gewässerkunde unterstützt die BAW dieses Vorhaben mit umfangreichen wissenschaftlichen Untersuchungen sowie einer intensiven Projektberatung der Wasser- und Schifffahrtsverwaltung. Alles made by BAW in Karlsruhe.

Erste Europäische Straßenpartnerschaft: Klauprechtstraße und Via Gazzei

Die »1. Europäische Straßenpartnerschaft« wurde offiziell im Jahre 2010 ins Leben gerufen. Ideengeber und Verantwortlicher war Manfred Bögle von der »wirkstatt e. V.« in Karlsruhe. Bei der Umsetzung unterstützten ihn tatkräftig seine italienischen Freunde vom Verein »Pro Loco« in Radicondoli (Toskana), die eigens samt ihrer Streetband »La Banda« zum ersten offiziellen Besuch nach Karlsruhe im Herbst 2010 gekommen waren. Im Gegenzug besuchten im Juni 2011 Karlsruher Bürger, eine Guggenmusikkapelle und ein Holz-Aktionskünstler die toskanische Hügelstadt Radicondoli. Noch ein Wort zu den beiden Straßen: Die etwa 540 Meter lange Klauprechtstraße in Karlsruhe wurde nach Professor Johann

Ludwig Klauprecht (1798–1883) benannt. Die etwa 500 Meter lange Hauptstraße Via Tiberio Gazzei in Radicondoli trägt den Namen von Tiberio Gazzei (1874–1932), Landbesitzer, Kaufmann und Mitglied der Sozialistischen Einheitsbewegung. Die 1. Europäische Straßenpartnerschaft wird auch als der »Bindestrich« Europas bezeichnet zwischen der Kanalinsel Guernsey im Westen und Odessa im Osten.

»Ewiger Parkplatz« für Karlsruher Autopionier Carl Benz

In Form eines einzigartigen Denkmals – dem »Ewigen Parkplatz« –, das im Stadtteil Mühlburg seit September 2011 vor Carl Benz' Geburtshaus steht, wird der Erfinder des Automobils geehrt. Die Gedenkstätte erhielt den offiziellen Namen »Ewiger Parkplatz von Carl Benz«. Eine Infotafel informiert über Leben und Wirken des berühmten Sohnes der Stadt. Eine modern gestaltete Sitzbank lädt zum Verweilen ein.

Die Kohlenbucklerschaft

Bei der Kohlenbucklerschaft handelt es sich um einen deutschlandweit einzigartigen Zusammenschluss von Männern, die sich ehrenamtlich engagieren. Nach Recherchen des Autors gibt es diese Bucklerschaft nur im Karlsruher Stadtteil Daxlanden. Ursprünglich geht dieser Zusammenschluss auf die Tätigkeit der Hafenarbeiter zurück. Mit der Eröffnung des Karlsruher Rheinhafens im Jahre 1901 wurde nicht nur die Fächerstadt an den großen Strom angebunden, sondern hier war zugleich auch ein zunehmend bedeutender Umschlagplatz für Handelswaren. Besonders häufig waren es begehrte Brennstoffe wie Kohle und Koks. Diese Rohstoffe wurden in den ersten Jahren noch von Hand um- und abgeladen. Eine schwere Arbeit, die damals die Tagelöhner meist aus den umliegenden Dörfern verrichteten. Da diese Entlohnung nur gering ausfiel, besserten sich die Arbeiter ihr Gehalt dadurch auf, dass sie eine Freihauslieferung von Kohle anboten. Dabei wurden die bis zu 50 Kilogramm schweren Jute-Kohlesäcke überwiegend auf den Schultern (manchmal auch auf Holz-Schubkarren) zu den Bewohnern getragen bzw. gefahren. Diese Tätigkeit des »Auf-den-Rücken-Nehmens« – oder umgangssprachlich »auf den Buckel« nehmen – wurde bald zum Synonym für diesen Personenkreis – die »Kohlenbuckler«. An diese alte Tradition anknüpfend entstand im Frühjahr 2001 aus einer Kanu-Paddelgemeinschaft heraus die Daxlander Kohlenbucklerschaft.

Die »Kohlenbuckler« auf dem Daxlander Christkindlesmarkt.

Blumen, Pflanzen und Exoten

Glücksbringendes Zeichen für Markgrafen: die Agave

Eine blühende amerikanische Aloe (agave americana) ist nördlich der Alpen eine Seltenheit. Wenn die in Mittelamerika beheimatete Pflanze dann auch noch zu besonderen Anlässen erblüht, ist das umso erstaunlicher. Im Botanischen Garten in Karlsruhe geschah dies in den Jahren 1747, 1811, 2008 (200 Jahre Botanischer Garten) und 2013.

Exotische Pflanzen wie die Agave wurden im 16. Jahrhundert nach Europa importiert und waren an den Fürstenhäusern sehr begehrt. Die amerikanischen Agaven haben blaugrüne Blätter, die zum Teil verdreht oder »umgeschlagen« sind. Erst im hohen Alter blühen die Pflanzen mit einem bis zu vier Meter hohen Blütenschaft und tausenden Einzelblüten.

Nach der Blüte sterben die Pflanzen ab, nur die Ableger an der Rosettenbasis überdauern.

Als Markgraf Karl Friedrich von Baden 1747 in Karlsruhe die Regierungsgeschäfte übernahm, schaffte er für die Orangerie mehrere Agaven an. Die exotischen Pflanzen symbolisierten damals Stärke und Ausdauer. Und eben diese Agave kam zum Erblühen, als der Markgraf gerade anfing, zu regieren – ein glücksbringendes Zeichen zum Antritt des neuen Herrschers. Mehr als 5566 kleine Einzelblüten zählte man an der Pflanze, die samt dem Blütenstand eine Höhe von acht Metern erreichte. Um sie angemessen bestaunen zu kön-

Eine »fürstliche« Agave wächst bei der Orangerie.

nen, wurde um die Pflanze ein begehbarer Turm mit Umgang errichtet. Er befand sich hinter den Orangerien, die damals noch auf der westlichen Seite der Lustgärten vor dem Schloss lagen. Nach dem Tod Karl Friedrichs 1811 kam sein Enkel Karl an die Regierung – und wieder blühte eine Agave. Im Jahre 2008 erblühte abermals eine agave americana im Botanischen Garten. Auch diesmal war es ein besonderes Jahr: Man feierte den 200. Jahrestag der Gründung des Botanischen Gartens.

Die erste gefüllte Dahlie wurde in Karlsruhe gezüchtet

Als »Königin des Herbstes« wird die Dahlie bezeichnet. Es gibt gefüllte, mit zahlreichen Zungenblüten, und ungefüllte Sorten, die im Spätsommer vor dem Torbogenbau im Botanischen Garten leuchten. Sie erinnern noch heute an die Erfolge von Gartendirektor Andreas Johann Hartweg (1777–1831), dem im Jahre 1808 die Züchtung der ersten gefüllten Dahlie in Deutschland gelang.

Ursprünglich stammt die Pflanze aus Mexiko und Guatemala und wurde schon von den Azteken als Zierpflanze kultiviert. Nach Europa kam die Dahlie erstmals im Jahre 1784, nämlich nach Madrid, und verbreitete sich von hier aus in viele Länder, etwa nach England, Frankreich und Deutschland. Als im Jahre 1806 der renommierte Botaniker Joseph Gottlieb Koelreuter starb, der bereits Versuche zur Dahlienzüchtung unternommen hatte, setzte sein Nachfolger, der Großherzogliche Gartendirektor Andreas Johann Hartweg, der übrigens am Lyzeum einer von Koelreuters Schülern gewesen war, diese fort. Theodor Hartweg, der noch lebende Ur-Ur-Enkel des badischen Hofgärtners, schreibt in einem Bericht über die Geschichte der Dahlie: »In diesem Zusammenhang gelang es ihm bereits 1808 die erste einigermaßen gefüllt blühende Dahlie zu züchten ...« Als sie im Botanischen Garten in Berlin gezeigt wurde, erregte sie jedenfalls großes Aufsehen.

Im Jahre 1825 gab Andreas Johann Hartweg ein Buch heraus – »Hortus Carlsruhanus oder Verzeichniss sämmtlicher Gewächse welche in dem grossherzoglichen botanischen Garten zu Carlsruhe cultivirt werden: nebst dem Geschichtlichen

Die Dahlie gehört zur Familie der Korbblütler und wächst im Botanischen Garten. Heimisch ist die Pflanze in Mexiko und Guatemala.

der botanischen und Lustgärten von 1530–1825 und einem Situationsplan von sämmtlichen Gewächshäusern«. Darin sind auch einige Erläuterungen über die Dahlie enthalten.

Mit einer kleinen Schau von historischen Dahliensorten, die Thomas Huber, derzeitiger Leiter des Botanischen Gartens, im Freiland anpflanzen ließ, wurde 2008 anlässlich der Feierlichkeiten zur 200-jährigen Geschichte des Gartens zugleich auch an den frühen Züchtungserfolg seines Gründers erinnert. »In Deutschland gibt es heute mehr als 700 Straßen, Wege und Plätze, die nach der Dahlie benannt sind«, so Theodor Hartweg. Und für die Liebhaber gibt es heute Dahliengärten, Dahlienschauen von Hamburg über die Pfalz bis zur Insel Mainau und Lindau.

Größte Liliengewächs-Sammlung aus aller Welt von Max Leichtlin

Beheimatet sind sie in der Prärie Nordamerikas und in Japan: die Prärielilie und die japanische Lilie. Beide sind nach dem Karlsruher Botaniker Max Leichtlin (1831–1910) benannt, der ein Lilien-Liebhaber par excellence war. So beherbergte er in einem kleinen Garten (Ettlinger Straße, gegenüber dem Stadtgarten) im Jahre 1860 mit 250 Arten und Varietäten die größte bekannte Sammlung von Liliengewächsen aus aller Welt

Max Leichtlin war Kunstgärtner und Unternehmer. Doch seine Liebe galt seinem Liliengarten. Nach dem Besuch der Polytechnischen Schule von 1845 bis 1848 begann er eine Lehre bei den Großherzoglichen Hofgärtnereien. Weitere Stationen: Anstellungen in Deutschland und dem benachbarten Ausland sowie ein Aufenthalt an der Königlichen Gärtner-Lehranstalt in Potsdam. In den 1850er Jahren unternahm Leichtlin ausgedehnte Reisen nach Europa und Südamerika, auf denen er seine pflanzenkundlichen Kenntnisse vertiefte. Wegen des Todes seines ältesten Bruders musste Leichtlin nach Karlsruhe zurückkehren, um im Familienunternehmen zu arbeiten. Doch wann er konnte, war er in seinem Garten anzutreffen. Hier kreuzte der begeisterte Botaniker die importierten Samen und Pflanzen aus aller Welt und schuf zahlreiche Neuheiten. Leichtlins Geschick im Umgang mit schwer zu kultivierenden Gewächsen sprach sich in Fachkreisen schnell herum. Einer der führenden Botaniker seiner Zeit, Sir Joseph Hooker, Leiter der Royal Botanic Gardens in Kew, würdigte Leichtlins Wirken, indem er eine Lilie nach ihm benannte: Lilium leichtlinii (japanische Lilie). Die Fackellilie und die Prärielilie gehen ebenfalls auf den Karlsruher Botaniker zurück.

Anfang der 1870er Jahre gab Max Leichtlin sowohl seine Firmentätigkeit als auch seinen Karlsruher Garten auf, da dieser den Plänen zur Bebauung der Südstadt zum Opfer fiel. Drei Jahre später zog Leichtlin mitsamt seinen Pflanzen in die Kurstadt Baden-Baden. Hochgeehrt mit verschiedenen Auszeichnungen und zum Mitglied der Royal Horticultural Society ernannt, starb er am 3. September 1910.

Die »Lilium leichtlinii« wird auch japanische Lilie genannt. Sie trägt in der wissenschaftlichen Bezeichnung den Namen ihres Entdeckers.